U0565294

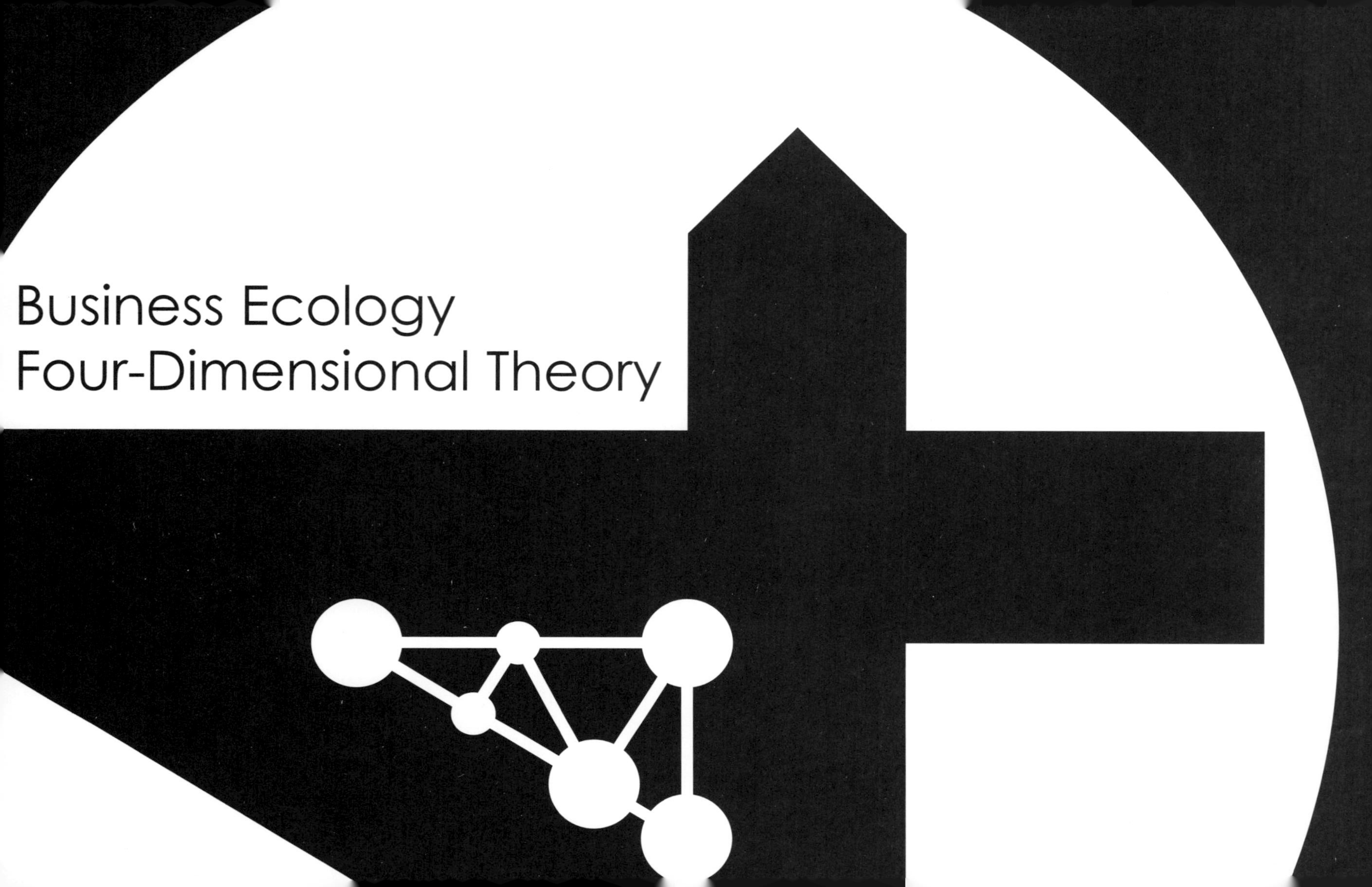
Business Ecology
Four-Dimensional Theory

梅高咨询30年实战经验
如何成功地商业创新

四维 生态论

Business Ecology

Four-Dimensional Theory

空间 时间 资源 竞争

梅高咨询 著

上海三联书店

前言

滴泉啤酒： 滴泉啤酒前身是桂林啤酒厂成立于 1985 年。今天，滴泉啤酒是一家拥有 5000 名员工、年生产能力达 100 多万吨、产品品种超过 30 种的大啤酒品牌。其产品在广西的市场占有率高达 85%，是全国资产贡献率最高的啤酒标杆品牌。2002 年，燕京集团成功注资滴泉，作为集团旗下最重要的品牌。2017 年，滴泉在燕京集团中销售贡献率为 29%，净利润贡献率为 194%，是燕京集团中销售及净利润贡献率最高的子公司。

胡建飞： 胡建飞先生是滴泉啤酒总经理，也一直是滴泉啤酒的掌舵人。从一个年销量不足 5000 吨的啤酒小厂，直至今时，胡建飞掌舵滴泉

30 多年，带领漓泉打过无数次漂亮的战役，领导漓泉成为全国赫赫有名的啤酒品牌。2011 年，胡建飞成为广西首位“中国酿酒大师”，获得酿酒行业人员的最高荣誉称号，被业界认为是啤酒行业领军人物。

这是胡建飞先生对漓泉啤酒和梅高咨询 30 年合作的回忆：

漓泉和梅高的合作始于 1989 年。那个时候对于我们双方来说都是非常特别的。对于漓泉来说，那时可以说是处在生死存亡之际，企业自投产后连续三年亏损，累计亏损近千万，几乎濒临倒闭。而对于梅高来说，那个时候也只是籍籍无名待起步的一家小公司，亟需一个可以证明自己实力的机会。

我原本技术出身，并不了解销售，但在看到公司的惨淡现状后，便毛遂自荐去做销售，并被提拔为公司副总。在当初那个年代，大家理解中的所谓的“销售”其实很简单，就是跑关系。但我还是有些不同，通过各种信息渠道，我较早了解到有“广告策划”这一种在当年还非常罕见的行业的存在。而在看到碧桂园通过策划建设配套幼儿园，然后将卖不出去的房子卖出去后，更坚定了我要通过广告营销策划推动销售的心。

于是，我做了一件在当时看来很先进的事，那就是进行策划公司的招投标，招投标的项目就是商标的策划，哪家广告公司设计的商标如果被采用了，就可以获得我们价值总计 20 万的策划项目包。

也就是在那一次招投标中，梅高成为“黑马”，以绝对的优势胜出，最终成为漓泉的合作方。

而在帮漓泉重新设计了商标并获得漓泉上下认可后，梅高又大展拳脚开始了之后一系列的动作，主要包括：打破原来都是围绕产品拍摄电视广告的老套路，转而围绕商标品牌拍摄，给人留下深刻印象，获得巨大成功；借亚运会召开的机遇，通过赞助亚运会从而获得有奖促销的机会。

最终，漓泉在那一年的销量达到了12000吨，而仅是梅高参与运作后的下半年的销量就有9000吨，是原先预期的三倍。所以，那一年漓泉虽然仍有亏损，但公司上下的信心和士气已经完全被调动起来。

而在随后的第二年，漓泉又决定推出干啤。这一仗对公司来说亦是非常关键。因为当时国内市场和越南的需求都比较旺盛，市场供不应求，因此我们的竞争对手万力就选择优先供应越南。事实上，漓泉在那时也只有一条生产线，但全盘考虑后，我们就决定，首先保证广西市场。

口感不错的新产品，配合适当的广告造势，加上竞争对手又无暇顾及国内市场，这就给了漓泉一个在南宁市场立足的绝佳机会。总之，到了那一年的淡季，万力回归南宁的时候，它就发现那个时候的南宁市场只能收回来一部分，而另一部分已被漓泉牢牢占住。

攻下南宁后，接着，漓泉又开始柳州之战。为了攻克柳州市场，漓泉其实用了很多办法，但最初一直收效甚微。最后，梅高建议仍是要扩大品牌影响力，并策划了“柳州第一富”的开盖有奖活动，结果大获成功，让我们顺利拿下柳州市场。

以上是漓泉和梅高合作的最初阶段，可以看出，梅高在帮助漓泉走出破产边缘的过程中起到了不可磨灭的作用。而在之后漓泉逐步发展壮大的过程中，它更是很好地扮演了保驾护航的角色。标志性的策略也有很多，如引入深度分销策略，帮助我们加强对终端的控制；提出具有划时代意义的“全生态”品牌理念，冠名南北极探险活动，不断吸引消费者眼球；制定“我爽天下爽”的核心策略，通过情感与消费者进行沟通进一步提升品牌形象，这个品牌传播语从 2005 年一直沿用至今，即使现在来看，都十分前卫。

所以，我认为滴泉的品牌可以说有一半都是梅高缔造的。和梅高合作的这么多年，不光是滴泉，甚至连我自己都收获颇丰。比如，我学会了如何站在消费者的角度去看待一个事情。因为合作的每一个方案，梅高都能从消费者的立场出发说服我，慢慢地，我也养成了这样的思维方式。

此外，梅高对滴泉的影响还体现在对好产品的追求上。在合作的过程中，梅高高董不断提醒我，产品销得好坏与否，光靠通路、光靠营销还不够，最重要的仍是产品本身。所以一直以来，滴泉也非常注重对产品本身的把控和提升。

滴泉与梅高是在对于双方来说都非常关键的时刻走到了一起，双方的合作也已有 30 多年，在这个过程中，我们深深感受到了对方在制定每一项方案时所展现的技巧和策略，以及他们的创新性和方法论，我们可以说是梅高“生态论”及“四维分析方法”的受益者，所以我相信，读懂了本书并掌握了“四维生态论”的人同样会受益匪浅。

滴泉啤酒 - 总经理 - 胡建飞

序言

对于任何一个企业来说，如何生存、发展以及竞争往往都是不得不去面对和思考的问题。但我们发现，只有极少数的公司能够对这些问题进行系统性地思考。大多数公司对于这些问题的把握仍是零碎的，或者是碎片化的。

但只有在正确的认识下才有可能有正确的行动。为此，梅高创始人高峻先生在他 30 多年从业生涯中所操刀的各种案例的基础上总结了一套“四维生态论”，希望能化繁为简，从“空间、时间、资源、竞争“四个维度指导企业如何正确认识其所处的“商业生态圈”。

对于“四维生态论”的产生，高峻先生认为，“企业”是人类从事商业活动的一种形式，所以企业间的竞争其实也可看作人与人的竞争。而不管世界如何变化，人类是自然生态环境中的一部分这个事实始终不会改变。所以，人与人、企业与企业之间的关系归根结底也就是生物之间的关系。

无论是哪种生物、哪个人、哪个企业甚至是哪个产业都离不开“空间、时间、资源、竞争“这四维，而有了“四维生态论”这套理论定位工具的帮助，企业就可以迅速找到事情的因果关系，进而指导下一步行动。

事实上，“四维”在梅高的诞生和成长过程中也扮演了非常重要的角色。

作为梅高公司的创始人和董事长，高峻先生毕业于广西艺术学院美术系，而在创业前，他一直在广西艺术学院美术系任教，期间还曾担任副教授一职。

随着中国大力推进改革开放和现代化建设，国内经济高速发展，这也给设计行业带来了难得的发展机遇。一次偶然的机会，高峻先生发现了市场对于设计人才，尤其是能与国际接轨的高端设计人才的渴求。敏锐的他很快意识到国内设计市场存在巨大需求，自此便萌生了下海创业的念头。

经过一番波折，最终，他在1989年以50元起家创办了梅高设计事务所。

90年代初的时候，国内不论是广告业还是咨询业，都处于较为初级的状态。而那个时候的梅高业务也还比较单一，公司根据市场需求，主要为客户做包装设计，并且在专业优势下，通过漂亮的、胜人一筹的包装设计很快赢得市场口碑。

也就是说，靠着专业和口碑，梅高得到了第一次发展。到1993年的时候，公司已经成为西南地区排名第一的广告设计公司，而在全国的综合排名亦不俗。

梅高伴随着改革开放诞生，亦在改革开放中成长。随着中国与国际市场及外来文化的逐渐接轨，大众的需求也在慢慢发生变化。而梅高一直保持着强烈的学习欲望，并在学习中认识到藏在包装设计背后的根本和实质—营销传播。

于是，在90年代中，梅高决定从广西移师上海。因为在高峻先生看来，在当时那个年代，营销传播虽然有着巨大的需求潜力，但仍属于一个高端概念，而适合这种概念和理念生存的土壤必然是如上海这样的大城市。

1997年，梅高正式在上海成立总部，并建成中国第一家命名为“创意咨询”的公司，自此开启了公司发展的新篇章。

历经又10年的发展，根据不断变化的市场现状，梅高对自己的业务再次进行了调整和完善，并将公司定位从“创意咨询”转向“创新咨询”。和前面两个发展阶段相比，这一次转型之后的梅高的业务范围可以说变得更宽也更广了，公司主要为企业和公共机构提供有关企业战略、品牌创新、产品创新和体验创新方面的系统咨询服务。这一定位也一直延续至今。

纵观梅高的发展历程，可以发现，支撑公司不断向前发展和突破的基因不外乎就是这两点—专业导向及持续的学习和创新能力。

而从梅高发展的例子中，我们也可以清晰地看到“四维”在其中所发挥的作用。如果没有处在改革开放这个国内大量需求需要被填补的时间段里，梅高或许也很难迅速发展，甚至都不一定会诞生，这就是时间的机遇。从空间维度来看，在发展初期，梅高做包装设计本身就是基于市场需求，之后公司将总部设立在上海亦是认识到营销传播在大城市的需求和发展会更好。从资源角度来看，梅高创始人高峻先生自己就是顶尖的美术设计与制作人才，是一个企业发展的宝贵的人才资源。因为市场环境是不断变化的，梅高不断转型，不断扩大其产品和服务覆盖范围允许梅高 30 年里一直作为行业的领导者。如今的梅高也都是以专业的能力维持着高质量的服务和比同行更高的价格。

“四维”在任何一个企业的发展过程中都会存在，同时“四维”也不是孤立和静止的。梅高的初期发展得益于其在四个维度都有着较大的优势，可以说是占尽了“天时地利人和”，而公司后期的发展更多的还是由于其能够及时依据“四维”的变化而为自己打造相应的优势。

目录 |

第四章 “初生期”品牌案例集锦

第五章 “幼年期”品牌案例集锦

目录

第六章 “成长期”品牌案例集锦

第七章 “成熟期”品牌案例集锦

楔子

在中国，我们常常说，

一件事，如果符合“天时”“地利”“人和”，就一定能够成功。

这三个词，最早出现于《孙膑兵法·月战》中，

分别代表了在一场战争中，

自然气候条件，地理环境和人心的向背这三个会影响战争胜负的关键因素。

商战如战场。

所以在现在日益激烈的商战中，

我们也一直在聊天时地利人和，

只不过现在所说的“天时地利人和”更多的还是一种象征意义，

而其所指代的内容也远远要比原意宽泛。

当一家企业决定进入一个新的领域，

推出一件新的产品，或者开拓一片新的市场时，

到底哪些因素需要去考量，符合哪些条件才能成功，

是企业主一定要去思考分析的问题，

因为这些因素和条件也就是现代商战中的“天时地利人和”。

本书所著四维生态论

就是一种帮助读者科学地去分析企业所处现状，

进而判断什么新产品、新领域或新品牌方向该做，

什么不该做的方法，

希望各位看完后能有所收益。

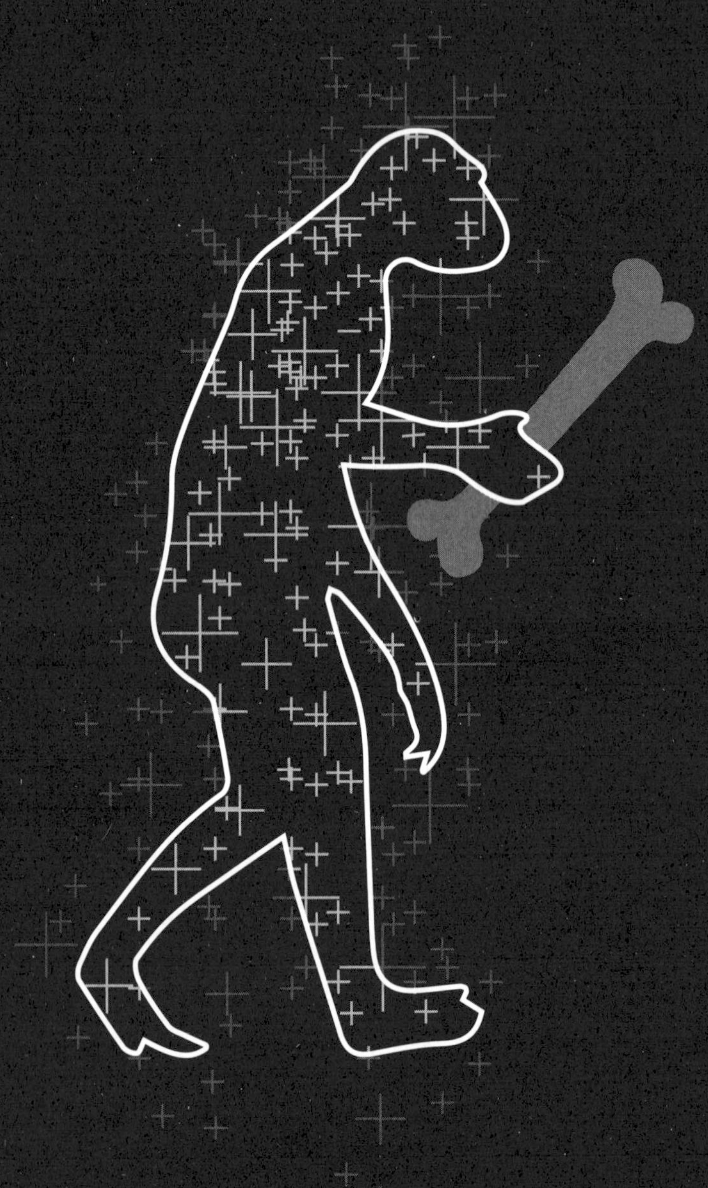

第一章

回归自然
从生态中洞察最本质的规律

第一节
生态中蕴含了无限智慧

大约 46 亿年以前，地球诞生。5.42 亿年前至 4.9 亿年前，地球上开始出现生命。在这漫长的岁月里，很多生物已在自然环境里历经几度轮回，不断有新的物种随着大自然的变化而诞生，又随着大自然的变化而灭绝。据统计，地球上目前存活的物种不足曾经存在物种总数的 1%。大自然如何变化，物种是生存还是毁灭，这轮回演变的过程是有规律可寻的，并且这些规律亘古不变又近乎完美。

李白在其著名的《上安州裴长史书》中就有过这样的描绘："天不言而四时行，地不语而百物生"。其大意是：天地不会说话，但不影响四时的运行，也不影响百物的生长。天地之间万事万物各有规律，它们各自按照自身的规律在运行，外力无法逆转也无法阻止，这就是自然。

古人囿于科技发展水平的限制，无法洞察四时运行的缘由。不知自己生活在椭圆形的球体上，不知其会绕自转轴自西向东自转进而产生昼夜，更无法想象其会围绕太阳向东公转进而诞生四季。但这并不妨碍他们参悟春夏秋冬四季轮替，春看冰解河开、莺飞草长，夏闻蛙蝉争鸣、甘梅飘香，秋见霜降枫红、叶舞秋风，冬晓梅红雪白、蛙眠蛇藏，周而复始。这一切都是在自然规律下描绘的壮美诗篇。

生态的规律不仅满腹经纶的诗人看得见，晨兴理荒秽、带月荷锄归的辛勤农民也懂。自先秦时期我国古代劳动人民便开始通过观察太阳周年运动，认知一年中时令、气候、物候等方面的变化规律，并形成知识体系，制定出“二十四节气”，用以指导农事劳作。

二十四节气是将太阳周年运动轨迹划分为24等份，每一等份为一个节气，始于立春，终于大寒，周而复始。节气“惊蛰”，表示天气转暖，春雷开始震响，蛰伏在泥土里的各种冬眠动物将苏醒过来开始活动起来，故名惊蛰。这个时期我国部分地区进入了春耕季节。再如节气“谷雨”，谷雨是雨水生五谷的意思，由于雨水滋润大地五谷得以生长，所以谷雨就是“雨生百谷”。谷雨前后雨水充沛，是种植喜湿作物大豆的好时节。如此，等等。

生物亦是如此。达尔文在1859发表的《物种起源》中清晰地阐述了一个道理“物竞天择，适者生存”、“弱肉强食，优胜劣汰”。残酷的生存竞争中，只能留下最适合、最优秀的生物。所以，每一个物种可以说都是高度专业化的存在，其经历亿万年演变至今，绝非偶然，每一个生物身上必定都隐藏着关于生存的绝妙智慧。

长期从事古生物学研究工作的英国古生物学家理查德•福提对恐龙的灭亡做了如下描述：在6500万年前，当一块巨大的陨石砸在地球上时，无数的灰尘和毒气扬起并遮住了天日。植物的生长需要阳光，由于缺少了阳光，所有的植物都无法生长。它们逐渐干枯死亡，土壤里只剩下些坚果和种子。没有了植物可吃，大型的陆生植食恐龙很快便饿死了。但当时有些动物却奇迹般的存活了下来。例如蛇类可以靠吃土里的甲虫或其他小动物活下来，尽管艰难，却得以挺过灾难。同样，海洋里巨大的海生恐龙也因为没有食物而灭亡了，但蟹类却因为几乎能吃任何东西而活了下来。

在约1000万年前至约380或200多万年前，有两种过渡时期的古猿，一种是腊玛古猿，一种是南方古猿。到约250万年前，热带非洲的气候开

始恶化，冰期从北半球袭来。随着气候越来越干旱，稀树大草原开始逐渐变为灌木大草原，导致大多数南方古猿消失。但是某些南方古猿群体利用自己的聪明才智发明了一些成功的防卫机制而生存下来，对于这些防卫机制人们只能去猜测，可能会扔石头，或者使用由木头和其他植物材料制成的原始武器，有可能露宿野外篝火旁。事实上，正是这些南方古猿的后裔生存下来并繁荣起来，最终进化成人类，从树上栖息转变为陆地生活并双足行走。

蜂鸟作为世界上体重最轻的鸟，以汲取花蜜为食。它们薄而长的鸟喙仿佛就是为汲取花蜜而量身定制，轻巧的身体生长出可以急速拍动的两翼，频率可达每秒 50 次以上，善于持久地在花丛中徘徊“停飞”，甚至倒飞。正是这些独有的配置，使得蜂鸟在生存的竞争中可以有效捕食，存活至今。

我们还可以想象，在非洲的大草原，生活着羚羊和狮子。清晨，羚羊从睡梦中醒来，它想的第一件事就是：我必须跑得比最快的狮子还要快，不然我可能会被咬死。此时，狮子也睁开了眼睛，它想的第一件事是：我一定要跑得比最慢的羚羊要快，否则，我可能会被饿死。最终，那些体能较弱的羚羊成了狮子口中的食物，但也有一些老弱的狮子追赶不到前面的羚羊，因无法获取食物而被活活饿死。羚羊靠速度来摆脱狮子，狮子靠速度来捕捉羚羊。狮子跑慢了，就会活活饿死；羚羊跑慢了，就会被狮子吃掉这一事实，就是莽莽丛林中亘古不变的生存法则。竞争是残酷的，然而正是这种没有退路的竞争，把狮子造就成了最强壮凶悍的食肉动物，把羚羊造就成了最敏捷善跑的食草动物，使得整个物种保持勃勃生机，整个种群得到不断地繁衍，这也是竞争的魅力。

在亿万年的生态历史中，有关生态的规律和法则经过无数次的考验，都不曾改变，适用至今。遵循着自然的法则，世界张弛有序，纷繁绚烂。著名科学家珍妮•班娜斯曾在《向生物学习》中提到说：“所有人类的体系可以向大自然学习，从中找出规律与答案。”所以，我们也需要超越知识，向漫长演变的生态学习，自然才是真正的老师，进化才是真正的教科书，生命的进化才是真正的案例。

本书所著四维生态论就是一种帮助读者科学地去分析企业所处现状，进而判断什么该做，什么不该做的方法，希望各位看完后能有所收益。

第二节

商业和生态具有惊人一致性

商业源于原始社会以物易物的交换行为，后来发展成为以货币为媒介进行交换从而实现商品流通。其中企业是商业活动的基本单位。

生态是指一切生物的生存状态，以及各个生物之间、生物与环境之间环环相扣的关系。生物是生态活动的最基本单位。

商业与生态有惊人的相似之处。比如生物需要不断地摄取水源、食物、空间等才能维持生命，在激烈的生态竞争中占据一席之地。而企业也需要不断地获取资本、人才、技术、市场等资源维持活力，在激烈的商业竞争中占据有利地位。

生态环境的容量有限，生物想要生存的话，第一件事就是通过相互竞争，尽可能地抢夺资源，尽其所能活下来；商业系统也是一样，不可能保

证所有的企业都拥有足够大的市场空间。因此企业若想要存活，也必须通过竞争获得自己的立足之地。

生物存在的核心意义是什么？一是生存，二是繁衍。而对企业和品牌来说，那就是生存、扩展。

当一个生物在某一环境存活下来后，其之后要做的便是将这种存活的"能力"传承给下一代，这当中最重要的步骤就是基因的进化。生物需要根据生存环境不断调整自身状况，通过对环境的适应获取越来越大的生存优势，从而世世代代得以生存下去。

企业亦是如此。企业若需要在某一领域生存下来，就需要对这单一领域有非常透彻的研究，熟悉整个产业链上下游的关系，并将企业的各个方面调整到最适应市场环境的状态。之后从点出发，不断向产业上下游扩展，形成生态圈，打造一套能够自给自足的商业体系。

基因是控制生物性状的基本单位，其支持着生命的基本构造和性能。大千世界，各色各样的遗传现象无不印证这一观点：天生有什么样的基因就决定了未来会变成什么模样。民间有句俗语"龙生龙，凤生凤，老鼠的儿子会打洞"讲的也就是这个道理。

对于生物而言，有没有腮决定了其能不能在水中生存；有没有翅膀决定了其能否翱翔天际；猫科动物舌上的倒勾让它们能够把骨头上的肉舔舐干净；蝙蝠回声探测的本领让它们能够在夜间捕食；驼峰能够让骆驼在食物和水匮乏的情况下，依靠分解储存在驼峰里的脂肪来给自身提供额外的能量和水；富含高强度胃酸的消化系统让秃鹫连骨头都能作为食物吞噬。

基因也决定着企业的形态、发展，乃至变异的种种特征，是企业成长发展的关键。对于企业而言，其“基因”的组成会更加地复杂，可以包含经验、资源、组织架构、文化等，并且这些要素之间的关联性会更高。不同的基因，不同的基因组合决定了企业在整个行业的供应链中所提供价值的种类，决定了企业通过什么来赚钱。因此企业也绝不能忽略基因的重要性。

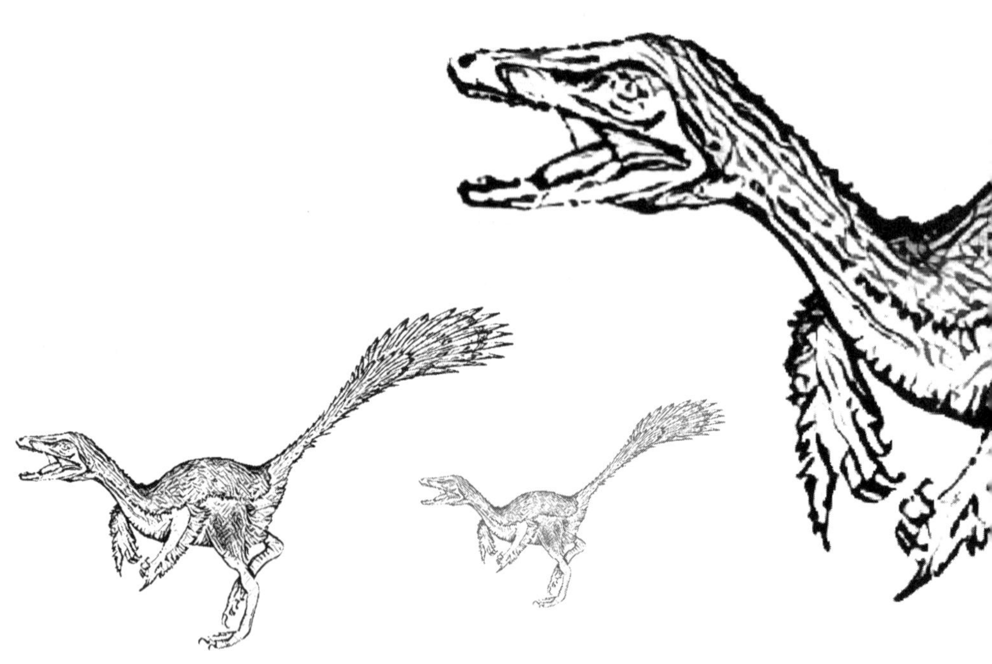

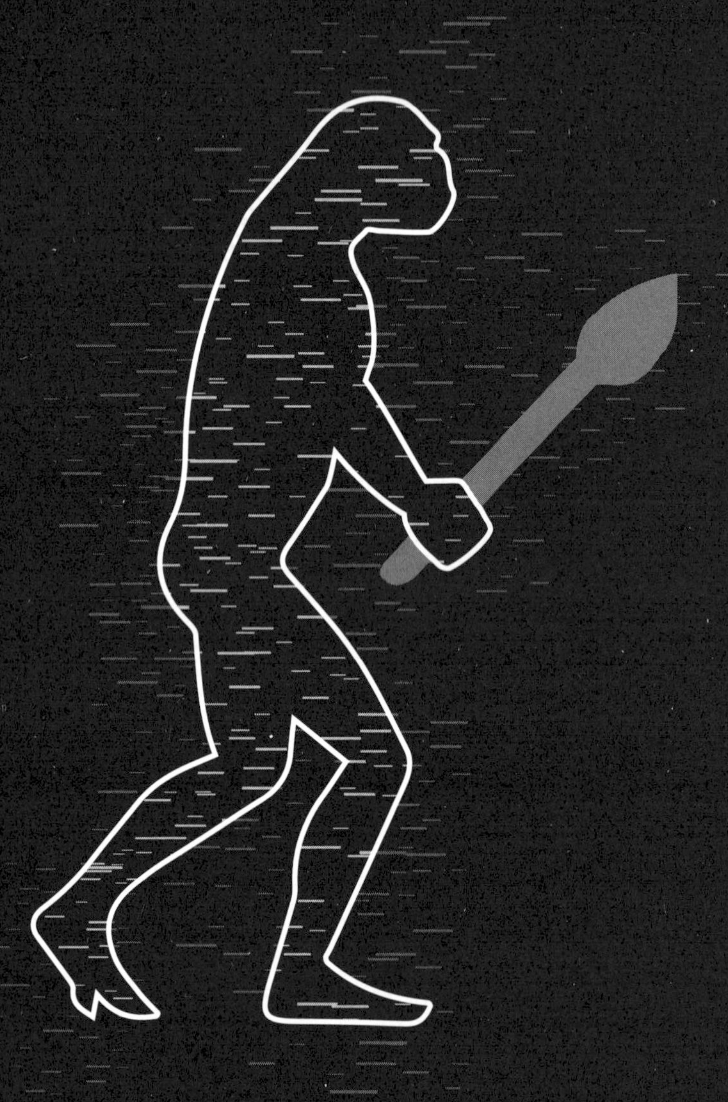

第二章

生态的启示——四维生态论

佛家说，“你看到的都是幻像”，意指我们肉眼看到的不一定就是事实。站在地球上，无论如何远眺，我们永远也无法看到一个完整的椭圆形地球，这是我们立足于地球表面的局限。

因此，我们需要打开视野，在一个极大的容量和极高的高度上去思考，重新给我们看到的事物定位，只有这样我们才能更接近真理，更接近本质。当站在足够的一个高度和广度去看去思考的时候，许多问题的脉络也会更加清晰。

宏大神秘的大自然是一切智慧的根源，我们无法支配自然，但我们却可以去发现里面的规律。商业与生态本质上具有一致性，所有商场上发生的事都可以在大自然中找到样本和规律。

回归自然，从生态中学习，用大自然的规律看市场，是梅高对生态演进的洞察和在 30 年的商业实战中积累的独特方法。经过不断地修正改进，总结归纳出运用自然界的普遍规律洞察市场规律的特有方法论——“四维生态论”。

所有的生物必须拥有生存空间，所有的生物在时间里面存在，所有的生物必须获得资源，所有的生物回避不了竞争。空间、时间、资源、竞争这四个维度，涵盖了生存所需要面对的所有问题，也是我们思考、评估事物发展必须考虑的四个维度。

“四维生态论”是我们高度归纳的关于生物的存在、发展必须要面对的四个基本条件或者基本规律，也是我们打开视野、洞察本质发现机会的思维地图。用四维生态论思考，会让我们的思考变得简单而尖锐。

第一节

空间的体量与质量决定生存空间好坏

对生物来说，空间就是它的生存活动范围。对企业来说，空间就是它的市场大小。不管对生物还是企业来说，生存空间的大小、质量直接决定了其生存的好坏。即决定空间大小的要素有两个，一个是体量，一个是质量。这是我们在空间维度思考时必须要关注的两个细分维度。

空间的体量

生态环境千差万别，不同物种对生存环境的需求也各不相同。不同物种都有适宜自己的生存空间，海洋生物的活动空间基本都是大海，食草动物依赖青草丰富的草原，蚯蚓偏爱潮湿的土壤。同一物种所共同依赖的生

存环境就是生物的生存空间，基于属性的限制，不同物种的生存空间有限。此外，不同物种需要的生存空间大小也明显不同。比如对一窝蚂蚁来说，有一棵大槐树便足够；但是一群狮子的话，可能就需要 300 平方公里的领地才够生存。

对企业而言，空间的体量就是它所处行业的市场容量。比如新兴蓝海行业——智能家居，2016 年中国市场规模达到 12000 亿人民币，这就是整个中国智能家居行业的市场空间体量。空间体量的意义在于，企业在决定进入某一领域时，要预先判断这块“土地”够不够肥沃，有没有足够的需求，当企业花费大量的资源耕耘后，是不是能够有相应的收获。

空间的质量

一个企业仅仅在空间体量上占据优势还是不够的，对生存空间好坏的分析还必须加上对空间质量的评价。

每年 6 月左右，坦桑尼亚大草原的青草被逐渐消耗，食物变得越来越少。为了食物，草原上的动物会长途跋涉 3000 多公里，上演地球上最壮观的动物大迁徙场面。所以，空间质量的变化，会影响该空间中食物链上所有生物的生存状态。

放在商业社会中，很多因素都会直接影响到企业的生存环境质量。2015 至 2017 年，是 P2P 企业的黄金时期。2016 年，全年网贷行业成交量达到了 20639 亿元，相比 2015 年全年网贷成交量（9823 亿元）增长了 110%，到 2017 年这个数字更是高达 28048 亿元。但是，随着 2018 年证监会叫停 P2P 备案，启动牌照制，大量习惯了野蛮生长 P2P 企业因无法通过审核，只能被清扫出局。

所以，企业对于空间质量的变化必须时刻保持敏感，并预先作出相应的调整。

小结：体量决定大小，质量决定优劣

梅高对空间维度的分析，不仅关注空间的体量，更注重空间的质量。

空间体量研究是为了明确空间的大小，是横向的洞察，可以分析出整个行业的市场容量，以及各企业所覆盖市场状况；空间质量的研究是从纵向对空间价值进行判断，通过对比分析，可以了解行业市场的优劣，及单个企业的市场空间的优劣所在。

空间体量和质量共同作用决定生存的好坏。空间维度的分析，就是通过对空间体量和质量的这两项指标的梳理，分析出市场空间容量与优劣，各企业品牌的占有量和优劣，两项指标缺一不可。企业要树立全局观念，既关注空间体量，也关注空间质量，在洞悉空间质量和体量的基础上，明晰自己所处空间的格局。

第二节
时间的节点与趋势是对生存时机把握

四季变更，日月交替，时光如斯，时间不可逆转，所以尤为重要。我们一直说，在很多情况下，快一步是先烈，快半步是先驱，成功有时候无关乎事情做得对不对，而在于什么时间点去做这件事。

时间的节点

当一只公螃蟹发现一只将要脱壳的雌螃蟹，那么当爸爸的机会也就来了。它首先一定要非常迅速地把雌螃蟹揽入怀中。接着帮它把壳脱下来，并保护其不受其他雄螃蟹的骚扰。然后趁着母螃蟹的身体还柔软，迅速交配。时间节点对于企业来说同样也很重要。踩准时间节点，就是把握

住市场机会。

淘宝网在 2003 年 5 月 10 日正式上线，最初在网上挂出的 200 多件“商品”全是几个技术人员从自家拿来的闲置物。之后，随着 eBay 在国内市场的失利，淘宝逐渐成为国内具有统治地位的 C2C 平台，并且其中有一批品牌很快就做大了，我们称之为“淘品牌”。

现在我们回过头去看，会发现一个很有意思的现象。很多在 2005 年~2008 年期间进驻淘宝的淘品牌，在 3-5 年内发展到数亿的规模。在这阶段之前很多消费者的需求未被满足。中国的经济发展引起广大消费者渴望多样化、多层级的消费品，但因为地域发展的不均匀、现有品牌的创新较慢、及老一代产品的性价比不平衡产生了众多未满足需求的空白。第一批的淘品牌抓住了时机，大量的和大胆的提供了给广泛消费者他们不能轻易接触到的新产品，并飞速的成长了起来。

所以说，站在风口的猪会飞，而逆风之下，鸟儿亦无法飞翔。如果把握住了时间风口，那么企业发展显然会轻松很多。

时间的趋势

冬眠的灰熊复苏的第一件事情是交配，为什么？是因为必须利用冬眠后的三个月把小熊生下来，然后把小熊带到峡谷捕猎鳟鱼。因为那个时候鳟鱼刚好回流，而鳟鱼一年仅回流一次，这一年一次的机会对灰熊来说太宝贵。

分布在温带的雨燕偏爱温暖的环境，每到秋季感受到第一阵秋风开始，它们就会纷纷向南迁徙，去到仍旧温暖的南方度过冬季。

四季更替，温度变换是时间的规律，秋风带给雨燕的是天气即将转寒的预示。通过对季节发展周期的把握，可以预知未来的发展趋势，然后通过对自身是否有利的预判，提前采取应对措施。这是生存的智慧，是来自对时间趋势判断所带来的智慧。

变化很多时候都是拥有量变积累的，是一个循序渐进的过程，只要善于观察，是可以被预见的。生态中环境的变化多少基于温度、湿度、水源等的变化。商业环境的变化则多是受世界经济状况、国家经济政策、重大科学发现、消费需求转变等等的影响。

1987 年，正值公司成立 150 周年纪念之际，宝洁公司在广州成立了在中国的第一家合资企业——广州宝洁有限公司，从此开启了其中国业务发展的历程。当时的中国，正处于改革开放初期，物资匮乏，只要有产品就不愁卖。作为世界级的企业，宝洁给中国人民带来太多以前从未见过的品牌及产品。当时，一名普通工人月薪也就在 100 元左右，而宝洁一瓶洗发

水却卖到近 20 元。但即便如此，宝洁在中国市场也获得了空前的成功。从 1998 年到 2013 年，宝洁中国的营收连续 15 年持续增长，并提升了近 6 倍。不过，在此之后，宝洁中国却陷入了增长乏力的困境，市场份额也逐渐被国内企业蚕食。因为后来的中国已经慢慢由一个制造大国变成制造强国，国产品牌无论在质量还是设计上都有了质的飞越，相应的，消费者的选择也越来越多。而宝洁的产品不再能满足分化的消费者需求，其更新迭代的速度也远远跟不上消费升级的步伐，最终只能被时代抛弃。

海尔 CEO 张瑞敏到香港科技大学讲座时曾说：没有成功的企业，只有时代的企业！时间的演变具有一定的必然性，我们要做到就是通过对规律的洞察，发现这些必然的存在，及早采取措施提前布局。

小结：用心才可与机会不期而遇

机会就是那些能给你带来利益的特定时间和事物，企业从时间中洞察机会就是知道哪里可以取得突破性的进展。它需要保持对身边事物足够的敏感，从宏观到微观，对这些事物能够不止流于表面现象的认知，而是能够透过现象看到本质，进而找到对未来会有重大影响的关键趋势，这往往就是机会所在。发现机会后，还要果断采取行动抢占先机。有时，机会之所以为机会，正是别人不知道你知道了，别人不明白你明白了，别人犹豫或不做而你果断行动了。

第三节
资源的多寡与价值是生存依赖的条件

无论是生物还是企业，要想存活于世，资源是一个永远无法回避的话题。中国有句古话，巧妇难为无米之炊，说的就是这个道理。资源是有限的，我们要学会集中有限的资源去做利益最大化的事情。认清自己资源的多寡与价值是决策前的必经程序。

资源的多寡

对于企业而言，拥有多少可以利用的资源是现实的。这些资源决定了自己能力的形成——或者，由于某种独特的能力获得了其他竞争者所没有的资源，就构成了其生存的重要条件。对于一个企业或者品牌来说，

首先要知道适合生存的资源是否足够？什么资源可为我所用？

共有资源——我有人有

野生雄狮平均体重240千克，体型大，常捕杀非洲水牛，瞪羚，长颈鹿等体型中上等的有蹄动物，甚至包括体重能够超过1000千克的哺乳动物。狮子能做到这个的关键因素之一就是他们所具备的锋利的犬齿及裂齿，可以在扑倒猎捕的瞬间，依靠巨大的咬合力，令其致命。锋利的犬齿及裂齿是狮子引以为傲的资源。这些特征为大型捕食动物所共有，因此又叫共有资源。

从乔布斯开始，手机行业每次发布新品都会召开场面盛大的发布会。而国内巨头小米，在每次的发布会上，总是大力推销美国高通处理器，并且把这个作为一个重要卖点进行宣传，其背后其实有一段非常精彩的故事。如果我们稍作了解，就会发现决定一个手机性能是否优越最重要的因素就是处理器。因此，手握核心专利及芯片供应的高通，可以说是所有手机厂商迈不过去的坎，高通的支持与否也决定着下游手机厂商的命运。对于早期的小米而言，是否能够拿到高通的处理器是能否跻身优秀品牌手机最根本的因素，有了高通处理器的小米最终也拥有了制造发烧级手机的基础。

在商业社会中，像高通这类的资源就称为共有资源，在大多数情况下是一个行业的门槛。如果企业连这类竞争对手均具备的资源都没有，那可能就不适合进入这一领域。

差异资源——我有人无

尽管狮子在奔跑的时速高达每小时六十多公里，但是它们的猎物往往比他们跑得还快，并且狮子还缺乏长途追击的耐力，仅仅冲刺一段路程就会筋疲力尽。此时，狮子便会巧妙地利用河边草丛、大型灌木等作为掩护捕猎，极大提高了狩猎成功率。而这些可以被利用的草丛、灌木就成了某些狮子的差异资源，差异资源具有垄断性质，往往是提高竞争实力的关键资源。

提到止血愈伤，活血散瘀，很多消费者第一时间就会想到云南白药。但是，相信很多人都没有仔细观察过，云南白药在配方那一栏写的是“国家保密方”，其配料并不对外公开。根据云南省档案馆保存文史资料记载，“云南白药”为云南人曲焕章创制的专门用于伤科治疗的中成药散剂。1955 年，曲家人将“云南白药”秘方献给了云南省政府，而后云南白药的配方成为国家机密专利，其药品所有成分可不对外公开。

无论是配方技术，历史故事，国家荣耀，都是云南白药得以做大不可或缺的资源，而这类资源又是其他企业所不具备的，两者差距自此拉开。所以，企业利用自身的独占资源是非常重要环节，但这一类资源并不全都是显而易见的，需要企业通过科学的方法去挖掘甚至是去创造。

欠缺资源——人有我无

与差异资源相对应，某些生物所具有的优势，另外一些生物可能就相对较弱，甚至缺失，毕竟世界上不可能有两片一模一样的叶子，也不可能有两个一模一样的企业。差异之外，必有不足，这就是所谓的欠缺资源，即人有我无的资源，这些资源的欠缺于企业而言究竟是好还是坏，还需要根据资源的价值来做判定。

苹果作为全球第一的手机品牌，生产地并不在美国，而是在富士康。富士康工厂主要的分布也并不在总部台湾，而是在大陆，其核心原因就是人工成本。制造业作为劳动密集型行业，人工是其最核心成本，虽然苹果的总部在美国，但基于成本控制的考量，在美国当地设立工厂必然是弊大于利。

这里，低廉的人力成本就是苹果所不具备的资源，为了解决这一问题，跨区域管理及生产外包所增加的额外费用就是苹果所必须要付出的代价。

资源的价值

每个企业都不一样，也就意味着每个企业都有自己独特的资源。梳理企业内外部可利用的资源只是资源分析的第一步，但是这些资源是不是具有价值，就需要对资源价值进行预判。找到最具独占性的价值资源，发掘企业的独占竞争优势才是最终目的。

对资源价值的判定，最核心的是要站在消费者，即产品的真正受众角度来判断。不同企业占据的资源千万种，但对消费者而言，有影响的资源可能只有关键的几个。因此，资源价值的判断，就是站在消费者的角度，找到最有吸引力的资源，进而放大，与其他产品进行有效区隔，成功吸引消费者的注意。

享誉全球的 FIJI Water 斐泉是在斐济群岛天然自流水的水源处直接装瓶的世界顶级瓶装水，是世界各地知名主厨、美食家和明星名流的御用瓶装水品牌，仅在顶级餐厅酒店、特选零售商及便利店内发售。在斐济，雨水经火山岩层数百年的过滤之后，将最重要的矿物质存留下来，使得 FIJI Water 拥有轻柔滑顺的特殊口感。同时，由于 FIJI Water 是自深层地下水层中汲取出来，未受到外界任何物质污染，因此以最纯净和自然的形态存在。这种全球独一无二的资源，不仅使得 FIJI Water 与众不同，更是品牌宣传极为有力度的武器，尤其在全球污染越来越严重的今天，其价值不言而喻。

小结：用心才可与机会不期而遇

对资源的梳理，需要全面细致地划分出不同的资源类别，这样可以让我们对企业的资源多寡有一个全面清晰的了解。然后对梳理清晰的资源，从消费者的角度出发对其资源价值进行判定，结合资源分类的结果，定位出企业最具核心突破力的资源。这就是对资源维度进行分析的目的所在。

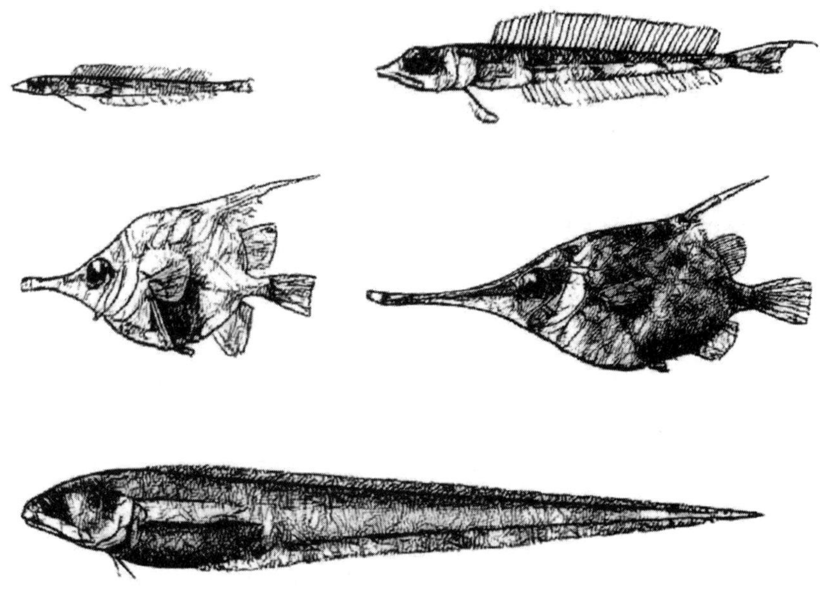

第四节
竞争的强度与代价是生存争夺的博弈

竞争的强度与代价，是生存博弈的现实压力。竞争对手的多寡与强弱、自己需要付出的成功代价，都是现实博弈中需要反复权衡的点。

空间的体量

所谓“竞”就是比较、竞技，往往需要有个目标做前提，通常也是要分出个输赢的，是有目标的争名争利。

自然界中，两头牦牛为了交配权和领地而斗得不可开交，在这场生存博弈中，牦牛的角坚硬锋利，是最有力的战斗武器。而牦牛的腹部和颈部则相对柔软，腹部有大量的内脏，颈部动脉血管分布密集，因此这两个

部位是牦牛的要害部位。牦牛你来我往的战斗，看似是角与角的对峙，实则是双方对弱势区域攻其不备的进攻与防守。

企业在竞争中也会遇到各式各样的对手，面临技术、产品、渠道、市场、宣传等多方面的竞争。对竞争强度的分析就是找到我们所面临的竞争都在哪些方面，竞争最激烈的地方又在哪里，企业想在竞争中获胜需要从哪里率先突破。

百度在 2001 年的时候正式发布搜索引擎，而随后在 2006 年，谷歌进入国内市场，所以从时间上来看，百度并没有领先太多。但最终，百度还是坐稳了国内搜索引擎份额第一的位置。

很多人都说，谷歌在搜索技术上要比百度强很多，是因为谷歌无法适应国内的政策，退出中国市场后才给了百度获胜的机会。但事实是，百度在市场份额上一直以绝对优势领先谷歌，谷歌也从未给百度造成真正的威胁，这要归功于百度所采用的竞争策略。

百度深知，如果比技术，其肯定不如谷歌，因此公司开发了 MP3 搜索，而这正是其获胜的关键。因为，民工兄弟们交流的时候肯定不会说："我在用一个搜索引擎，使用了高级的搜索技术"。但他们会说："有一个网站，上面可以免费听歌，可以免费下歌，你也可以试试"。正是这样一个简单的点，打动了越来越多的小白用户，才有了今天的百度。

所以企业面对竞争对手的时候，不能以己之短攻其之长，而是要找到对方软肋并攻之。

竞争的代价

按照自然法则，不同的生物获得能量的方式是不一样的，从某种程度上说，为了某种方式，必须放弃另一种方式。

比如哺乳动物中，跑得最快的是生活在非洲草原上的猎豹。用我们测量的方式，其最高时速可达 90 到 100 公里。所以在捕捉到猎物后，猎豹需要喘息十五到二十分钟才能“进餐”。事实上，这种狂奔速度是超越了哺乳动物本身的能力的，所以猎豹需要付出相应的代价——寿命。野生猎豹的平均寿命只有 7 年左右。

大马哈鱼是一种很怪的鱼，生在淡水，长在海里。所以为了繁衍，它们需要从海洋回到出生地的小溪，整个旅途两千多公里。因为从海洋回到淡水后，其消化系统无法迅速转化，所以起码有半年时间它们会不吃不喝，只是靠着体能和本能逆游而上。

猎豹为了速度的优势放弃了寿命的进化，大马哈鱼为了繁衍，忍住半年不吃不喝。这些都是动物为了生存而进化出来的独特技能，其核心是为了聚焦而取舍。

放到商场上说，所谓的代价从某种意义上讲就是成本，这可能是金钱的成本，也可能是其他的成本。

当年滴滴与快的的世纪大战，最终以两家合并收尾，这可能不是双方最想要的结果，但肯定是代价最小的结果。在合并前，据初步估算，整个 2014 年滴滴和快的花在市场上的补贴高达 40 亿。在最高峰的时候，一天

就能烧掉1个亿的资金。显然，这种竞争的代价太大了，无论是企业还是投资人都无法长时间坚持下去，于是双方最终在谈判桌上结束了这场天价战斗。

我们在面对竞争的时候，战胜对手不一定是最终的目标，而是首先要计算竞争的代价，在合理的代价内争取最好的结果，这才是一个理性企业主最好的选择。

小结：竞争博弈的根本是找到牵动全局的局部，集中力量解决关键

竞争的本质是生存的博弈，其关键是抓住最核心的部分，就像找到一团死结中的根源，解决了它也就意味着一切都迎刃而解。

至于根源在何处，则需要我们根据竞争的强度来做出判断。洞悉竞争的强度，有助于我们认清敌我双方竞争的局势，找到破局的关键点，再于战术上集中发力，精确打击，既避免资源的浪费，又能取得最大的效益。这就像是一个要突围的部队，绝不会分散兵力，而是在一个最薄弱的点上集中最强大的力量，撕开口子，杀出重围。

第五节 四维是一个整体

司马迁有一句名言——“究天人之际，通古今之便，成一家之言”。天人之际是空间关系，古今之便是时间关系。“四维”首先是一个整体，但也要有侧重的局部。它所包含的四个层面既不是对立的关系，也不是一种取舍的关系。根据所面对的课题，有的时候可能需要更多地从空间维度上去思考和突破，有时则可能需要从资源上做更多的分析。

因为“四维”首先是一个整体，任何事情都涉及这四个角度，并且“四维”的概念本来就存在，因此不管遇到什么纷繁复杂的问题，都可以归结到这四个核心纬度去思考，这样问题也会简单很多。另外，“四维”的四个层面既有轻重缓急，但它们之间又可以互相启发。有些事如果从一个角度看不出问题，那么不妨换个角度再看看。

如果一个新产品、品牌翻新方案、新体验操作系统或战略方向在时间、空间、竞争、资源这四个维度都处于优势的地位，那它就一定能够成功；反之，如果一个企业在四个维度都处于劣势，就一定会失败，企业也就需要去考虑它决定去做的事情是不是正确，是不是需要重新选择一个方向突破。如果只满足四维中的几个维度，则需要去判断，对于企业现阶段而言，最重要的维度是什么，那些不满足的维度，对于企业所造成的困境是否能够跨越。

所以，我们不能习惯性的用一个纬度考虑问题，而是要把“四个维度”作为一个整体去思考和判断，这样也才能够让问题变得有序清晰，思考也不会出现遗漏。

通过上述的内容，相信读者对于四维生态论已经有了一个基本的认识。以下是梅高基于这套理论在三十年中操作过的案例精选，希望读者通过案例能够更加生动全面的理解并运用四维生态论，协助读者做出更合适的商业判断。

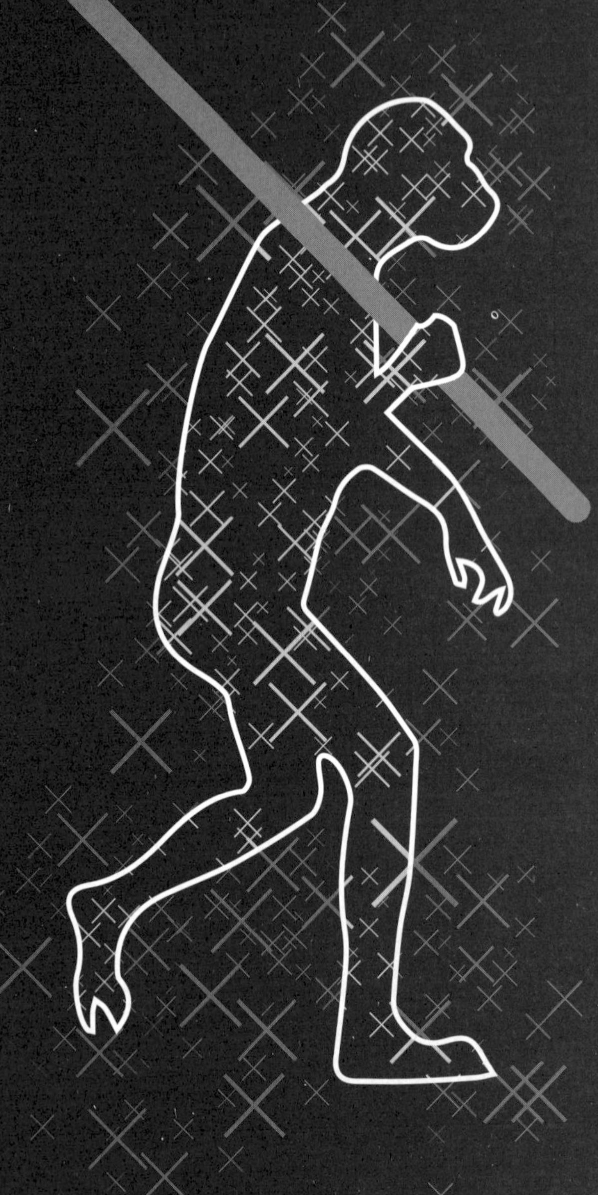

第三章

“细胞期”品牌案例集锦

时间
天和

大灰熊欣喜地等待一年一次的“饕餮大餐”——鳟鱼回游。这对于大灰熊来说，也是一年里最重要的事。它通常会行走百里到扑鱼地点，耐心地等待鳟鱼从水里跳出。但如果来得太早没有鱼吃，受饿；如果来得太晚，没有机会抢到鱼，也会饿得很惨。因此，选择时机，选择何时来到扑鱼地点就变得非常重要了。

对于一个企业来说，漫长的发展过程中总会有许多选择题和决断要做，如何把握时机，如何抓住“天和”同样非常重要，有时甚至是可以起到“起死回生”的效果。

1991 年初，桂林第四制药厂在国内还是一家名不见经传的小企业，处于既无主打产品又无核心品牌的尴尬境地。但一个偶然的机会，药厂领导

在《北京晚报》上一个边缝里看到一则小新闻，说是北京一所大医院里有称为海氏兄弟的两人开了家小型的中医诊所，这家小诊所有一个专治骨质增生的秘方，做成黑黑的狗皮膏药，贴在患处，具有奇效。在那个信息匮乏的时代，这样的新闻吸引了众多的患者前去问医求药。

桂林第四制药厂的领导看到这个新闻后，果断决定要去一探究竟，因为如果秘方属实，那么也就意味着药厂长久以来希望开拓自主品牌的愿望或许将得以实现。随后在进行了系统的调研之后，药厂决定买下这一剂祖传的膏药秘方，想借此重新打造一款全新的膏药产品推向市场。

但既无原始品牌的积累，又无已经上市的产品做依托，如何在仅仅只有一剂秘方的情况下，将这秘方打造成市场需要和认可的明星产品呢？

时者，势也。在当年的环境下，需要完整、真实地搞清楚这款产品上市的天时，就需要充分地了解消费者需求。

通过对膏药发展历程完整的梳理，我们发现，中国市场上传统的膏药因为专有的秘方属性，多由中医院开具处方，然后以黑膏药的形式面向市场销售，但在时代发展的进程中，黑膏药的市场接受程度越来越低。经与药厂沟通，我们一致认为这一产品如果再按照传统的模式进入市场，极易受到限制，也很难打开销售空间，最后可能会出现花了大精力、大价钱，但黑膏药始终不能被市场广泛认可的尴尬局面。

市场空间没有想象中的那么大，而中医院一般又都有自己的秘方，桂林第四制药厂该如何突围？

事实上，90 年代初的中国，随着改革开放的深入，老百姓对于西方文化和产品的接受度越来越高。从普通的糖果到日用品，从家用电器到电影，皆是如此。大众汽车大批量地进入中国市场，乐家杏仁糖在各百货店热卖……中国人对进口产品有着巨大的需求。

那么，为什么中药产品一定要按照传统中药的方式来卖呢？在市场上 90% 都是西医院，而剩下 10% 才是中医院的背景下，中药产品是不是也可以使用西药的卖法，进入西医院呢？

从上世纪 70 年代中期，美国首先提出透皮控释给药（TDDS）治疗方案并制成东莨菪贴片以来，国外透皮给药系统不断完善并得到了迅猛的发展，当前国际上透皮吸收剂是先进用药方式的代表，而这一原理与中国传统膏药原理是相似的。

基于此，桂林第四制药厂在 1994 年更名为天和制药厂，把握市场先机，把膏药的传统特色与世界先进给药方式联系起来，将传统膏药进行现代演绎，引入西方透析剂，同时导入皮肤渗透学，最终将传统的黑膏药转变成先进的西方膏药贴，推出了天和骨头贴膏和天和追风膏，并成功让市面上的西医院和消费者所接受。

基于对时机的把握，天和首创“中药西卖”，为原本没落的传统产品注入新的活力，使其重现焕发生机。天和药业也因此成为中国膏药品类中单品市场占有率第一的全国知名品牌，天和品牌被认定为中国驰名商标，一年销售 10 亿贴，成为中国最大的膏药专业生产企业。

通过天和药业抓住改革开放后，国人对西方产品极其推崇这个“天和”，首创“中药西卖”的销售模式这个案例，我们看到，从时间维度展开产

品的创新，从一个点展开突破，完全可以让原本或许普通的产品换一种方式帮助我们成就市场。但重要的是，必须精准把握时机，太早或太晚皆不可取。如果天和在 80 年代推出“中药西卖”的销售模式，那个时候消费者可能还不能很好地接受西药；但如果再晚，则其他竞争对手可能已抢占市场。这就像大灰熊的饕餮大餐，时间节点对生物进化和企业发展都具有非常深远的影响。

竞争

畅优

如果问起世界上最慢的动物是什么，可能大家都会说蜗牛，那就大错特错了。其实，世界上最慢的动物并不在陆地上，而是在海里，那就是最高速度只有每秒 0.04 厘米的海马。

关于海马，大家可能不知道的是——别看它叫马，它其实是一种小型鱼类，靠着背鳍的频频拨水和胸鳍的帮助，在水中几乎呈直立状游动。也正是这种独特的游泳模式使得海马成为世界上游动最慢的动物。

虽然海马是世界上最慢的动物，但是它们却总能捕捉到行动迅速、善于躲藏的海洋生物。而且它们捕食的全过程竟可以短到不到 1 毫秒，捕猎成功率也高达 90% 以上，要知道狮子和老虎的成功率也不过两三成！

海马是怎么能做到这么“百发百中”的呢？原来，它们是优秀的伪装

大师，可以用神秘的色彩和自身独特的直立游泳姿态与深海植物相融合，而猎物却很难发现。再加上独特的移动模式，可以让它们在行动时避免产生太多动静，惊动猎物。两相结合，海马的捕猎成功率自然大大提高。

商场如战场。在市场竞争中，企业经常会面对各种危机，而处理危机的方法也有很多。但如果能像海马一样，能够迅速反应，又能直击要害，那么成功应该也是唾手可得。

光明畅优的横空出世就有着非常类似的精神。

2006 年 12 月，达能突然在北京宣布与蒙牛成立合资公司，并计划在次年 4 月将旗下高端酸奶品牌碧悠正式转交蒙牛。这意味着达能与光明长达多年的合作关系正式破裂，且将光明耗费巨资培养的碧悠的市场份额拱手让给竞争对手蒙牛。这对于刚刚受到回炉奶事件影响而元气大伤的光明来说，无疑是雪上加霜。

针对这一突如其来的市场危机，迅速反击，抢占原有产品市场份额，成为光明避免被竞争对手重创，重夺竞争市场，实现反败为胜的必然选择。

然而，虽然两者交接会有几个月时间，但是对于光明来说，重塑市场和抢占先机的时间却并没有多少，新生品牌如何抗衡碧悠这个成熟品牌，还需要好好商榷。

最终，在针对碧悠的策略上，光明选择以“贴近碧悠、超越碧悠”为核心的奇袭策略，希望借此快速反击抢占消费者认知。公司首先从碧优的广告语“天天畅优”中选取“畅优”的名称，为替代碧优的新产品命名，既直观明了又更具产品功能表现力；其次，再以“贴近碧悠、超越碧悠”为原则为畅优构建全新品牌价值系统，并设计整套包装。

就这样，光明全新“畅优”产品无论是在品牌名称还是视觉上，都无限接近原先的碧悠，并准备通过这一波以假乱真的暗度陈仓之计，拉开一场抢占市场的大戏。

而在光明与达能合作即将结束的 28 小时内，光明也成功以“畅优”置换了所有货架上的碧悠产品，并创下乳业通畅类产品上市 4000 万的销售佳绩，使碧悠受到重创，着实是打了一场漂亮的奇袭之战。

在此后的时间里，畅优的成长更是令人惊艳。在 2007 年 ~ 2014 年期间，其销量从最初的 2 亿狂涨至 14 亿，成为中国通畅酸奶品类细分市场第一品牌。

在商场上，没有永恒的朋友，只有永恒的利益。对于光明来说，达能的转投“敌营”，本会对其产生毁灭性的打击。但公司却并没有被打倒，反而是借助这个机会，重塑了自己的酸奶品牌，最后不仅躲过危机实现软着陆，更是为自己打下了另一片江山。这背后的原因除了有光明的快速反应外，也离不开公司对原有渠道优势以及对“碧悠”品牌的继承。

从光明畅优逆袭的案例上，我们能看到，对于一个快消行业的企业来说，逆袭往往就在一念之间。所以，面对竞争对手一定要先下手为强，要有海马捕食的速度，要时刻保持最敏锐的状态。

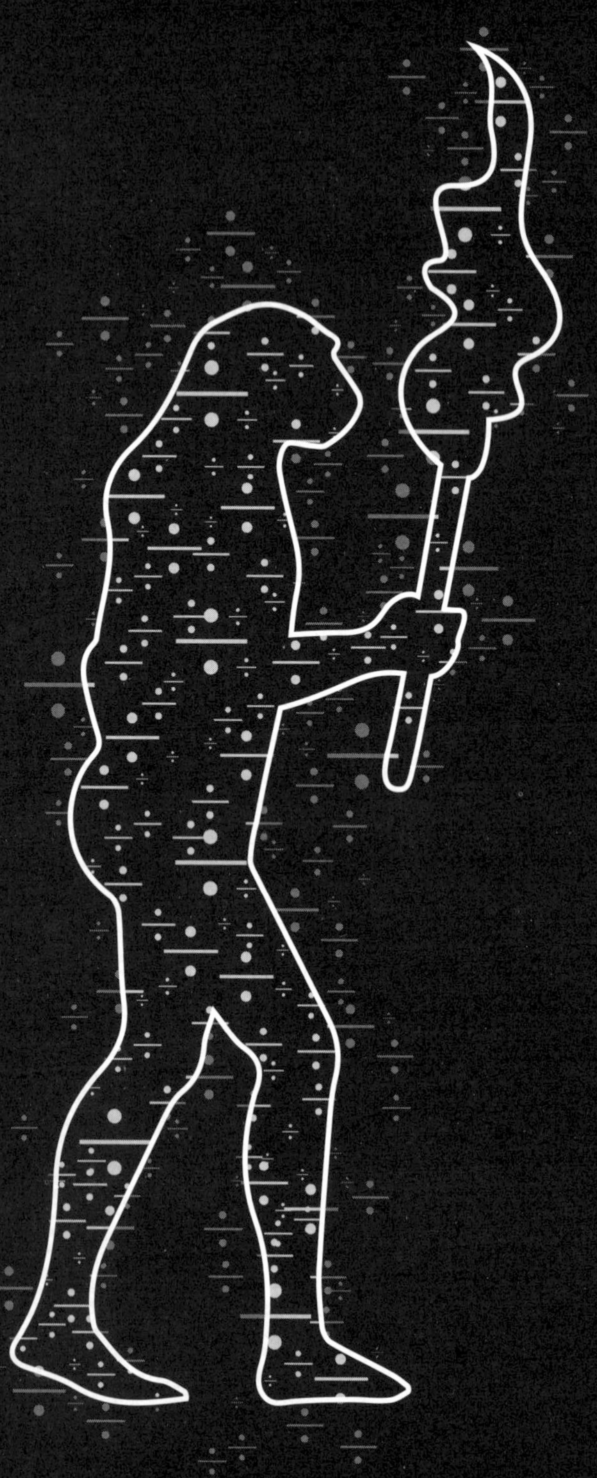

第四章

“初生期”品牌案例集锦

空间
莫斯利安

在斯堪的纳维亚北部地区、西伯利亚和加拿大北极地区有一种生活艰难的啮齿类动物——旅鼠。作为生活在冻土带的一种食草动物，天气会对它们的生活产生很大影响，自然条件好的时候自然一切都好，但是如果遇到不好的年景，旅鼠族群就会遭受巨大的困难。因此为了寻找新的觅食空间，喜欢独处的旅鼠经常会成群结队进行迁徙。他们长途奔波只是为了寻找新的生存空间，为了种族的延续和繁衍生息。

从空间维度为企业寻找更大更宽广的市场，这也是光明乳业的一技之长。

在 2007 年之前，光明乳业的战略目标定位一直是“聚焦新鲜”，深耕中国低温鲜奶市场。但是面对中国乳业价格战硝烟弥漫的背景，公司原有的

低温产品的利润成长空间已经不大。

而此时，公司常温产品不仅与竞争对手相比有较大差距，而且在光明整体产品结构中所占比重和贡献利润也不高，直接影响了光明整体产品的体量和市场份额。因此，对于光明这一全国品牌来说，发展常温产品成为其当时的战略所需，这也是公司成为世界乳业10强的必经之路。

但当时的常温奶市场已经被伊利和蒙牛另外两大龙头占据有利地位，光明的突围之战又该从哪里下手?

想要挖掘新的市场空间，就必须挖掘消费者的潜在需求。2008年，光明洞悉到了这个市场的机遇——常温酸奶。常温酸奶市场不仅体量巨大，更难得的是还属于尚无人进入的领域。

由于低温冷链技术的限制，低温酸奶只实现了冷链市场的覆盖，仅局限于一二线市场，二三线城市存在的大量的酸奶需求无法得到满足。相较之下，常温酸奶的保质期可达6个月，销售半径可扩张6倍，因此可填补二三线城市的酸奶需求。

基于这一市场预判，光明于2008年选择率先进入国内尚无的常温酸奶品类，推出国内首款常温酸奶——光明莫斯利安，通过对新品类的开发，填补了市场空白，并最终在国内常温酸奶市场建立起绝对的竞争优势和领导地位。到2014年，莫斯利安销售额破60亿，贡献了光明营业收入的1/3，创造了中国乳业的神话。

从莫斯利安成功推出的案例上，我们可以看到光明的厉害之处在于其和旅鼠一样，当面临生存危机或发展瓶颈时，对于发现新生存空间的努力。光明洞察到了常温酸奶的市场空白，以及二三线城市对于酸奶的强烈市场需求，由此顺应“天时”抓住机会适时推出了国内首款常温酸奶——莫斯利安，不仅抢占了市场空白，更是延展了其原本只有低温产品的产品链，为自己获得了更多的市场和发展空间。

空间

中粮君顶

鲸鱼是已知世界上最大的海洋动物，而鲸鱼中的老大——蓝鲸，体重更是能够达到惊人的 172 吨。虽然现代鲸鱼一直都在海中生存，而且从解剖学的观点看来，鲸类的许多特质也都显现了它们对于海洋生活的高度适应性。但是，科学家研究发现，从生化与遗传学的角度来看，鲸类与有蹄类动物关系较近，并且约 5000 万年前的化石记录也支持鲸类是由有蹄类动物演化而来的观点。鲸类的祖先，极可能是产于北美、欧洲与亚洲的陆栖有蹄类动物——中爪兽科，只是原先在浅水区捕鱼的中爪兽，生活方式逐渐转变成水陆两栖后，在漫长的演化过程中变成了各种鲸。

那么，问题来了。中爪兽的生活方式为什么会出现转变？其进化成鲸类后，鲸鱼又是怎么成长成稀有巨型物种的呢？其实这背后的原因，很大程度上还是由于气候变化。因为气候的变化，导致中爪兽开始转入大海生活，并且通过开始大吃大喝改变体型，进而适应新的生存环境。

为开拓生存及发展空间，企业也需要如鲸鱼一样，做出多方面的改变与拓展，这样才能立于不败之地。

2008年，中粮集团进军中国高端葡萄酒市场，欲与隆华集团携手，在世界七大葡萄海岸之一的中国蓬莱·南王山谷兴建葡萄酒庄，希望在此形成以顶级葡萄酒生产为核心，涵盖优质酿酒葡萄苗木研发和种植、葡萄酒文化推广、世界葡萄酒文化交流、葡萄酒主题休闲旅游、会所及专卖店经营等多方面的高端产业集群。

然而当时在行业内，作为酒庄核心依托的葡萄酒有“新旧世界”一说。旧世界说只有欧洲才是正宗，新世界言必提美国与澳大利亚。而亚洲则相当尴尬，既不属于旧世界，和新世界也无法靠拢。因此出身于东方亚洲的中国葡萄酒该怎样定位和突围，就成了当时整个中国葡萄酒产业的重要研究课题。对于中国蓬莱·南王山谷酒庄来说也是如此，如何才能够迅速找到自己的立足空间、并打开国际市场，是其当务之急。

最后，基于烟台长城“世界七大葡萄酒海岸”的战略构建，中粮集团决定在葡萄酒新旧世界之外，为蓬莱·南王山谷酒庄提出“东方葡萄酒”酒庄的全新概念。将中国蓬莱·南王山谷酒庄与原有酒庄进行区隔，并取极具中国传统特色的“君临天下，山登绝顶”之意，将其命名为“君顶”，赋予酒庄独特的东方韵味，体现了其独有的东方性格和东方精神。

同时，在品牌的重塑上，中粮集团对酒庄进行了系统的生态检测，将君

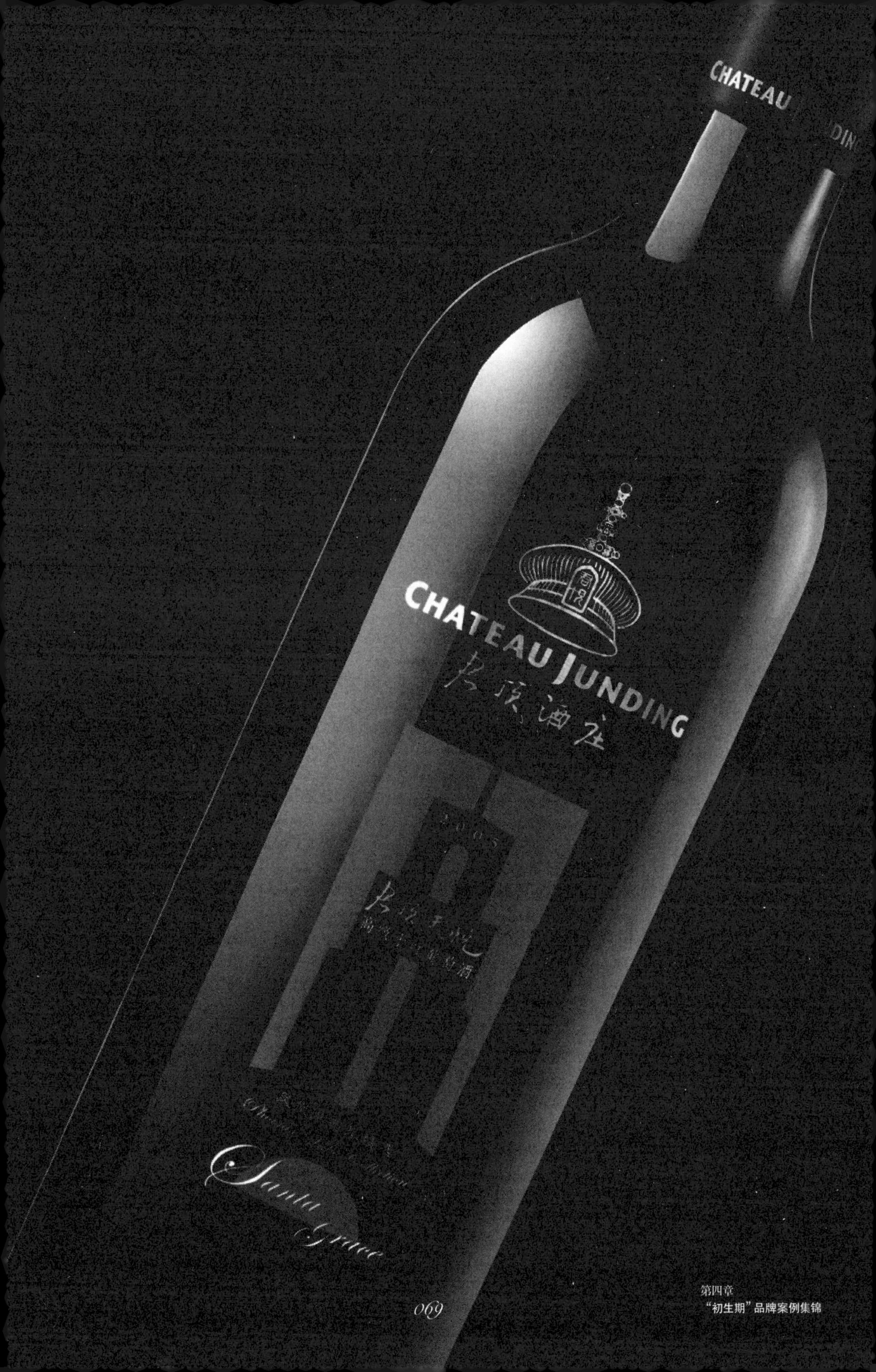
CHATEAU JUNDING
君顶酒庄
Santa Grace

顶酒庄定位为世界葡萄酒的东方王冠，借鉴东方伟大的君主康熙皇帝的朝冠，创意打造君顶 logo。同时，结合媒体开展有针对性的传播，树立品牌形象。

定位与品牌塑造完成后，产品及包装的完善也少不了。中粮集团搜索资源，全面建设君顶酒庄产品体系，实行积分制，将大额积分以产品形式展现，打造可视化的积分产品。同时，通过礼品性高价值包装组合，提升产品的价值感与道具性。

Last but not the least。最后，中粮集团洞察市场机会，全面颠覆传统营销模式，建立了全新的会员制营销制度，提出将君顶酒庄建设成为“世界名庄荟和交易中心”的商业模式构想。通过会员俱乐部、会所及专卖店、酒庄直销、期酒销售等多重方式在内的新式营销，君顶酒庄形成了产品与资源分进合击的两条销售主线。在建设增值服务体系的同时，又对渠道推广体系进行新的规划，最大程度地扩展了消费渠道，提升现金消耗能力。

君顶酒庄立足于东方酒庄的身份地位，立志成为中国第一个高端酒庄和亚洲最高端的酒庄。而经过对品牌、产品以及营销模式等多方面的全面革新后，中粮集团酒类业务销售收入由 2008 年 28 亿港币跃至 2009 年的 32 亿港币，其中酒庄系列高端产品销售额达到 8300 万港币，同比增长 2.5 倍，可谓是开创了中国高端葡萄酒的新纪元。

君顶酒庄在原本没有自己落脚地的市场里，独创“东方葡萄酒”酒庄的概念，改变自身定位，也打开了属于自己的市场。此为公司对市场空间维度的成功把握。同时，又辅以对产品、品牌以及营销模式等各方面的完善与创新，最终顺利实现了企业的快速成长。从君顶酒庄发展的案例上，我们也

可以看到，企业能否像鲸鱼一样灵活改变自身以创造更多的生存空间是一种非常重要的能力。唯有拥有这种能力才能够像鲸鱼一样在大海中重获新的生存空间！

时间

莫斯利安

试问谁是动物世界最强大的猎手？可能很多人会想起狮子、老虎、狼这些大型的捕猎者。其实，它们的狩猎效率在动物王国并不出色，单只狮子的狩猎成功率不足 20%。真正的狩猎高手事实上是来自昆虫界的蜻蜓！

蜻蜓的猎物主要是苍蝇和蚊子。苍蝇因其独特的生理结构，其眼睛处理速度是人类的 4 倍，也就是说，我们人类的眼睛每秒处理 60 帧的移动图像，而苍蝇可以达到每秒 250 帧！因此苍蝇也是昆虫界的逃脱高手。

但当苍蝇遇到蜻蜓，其逃脱能力也只能算是小儿科了。蜻蜓每次捕食的成功率在 95% 左右，基本上是一击必杀！蜻蜓除了眼睛处理速度比苍蝇快外，飞行能力更在其之上！据说蜻蜓在捕猎时的飞行速度最快可以

达到每小时 97 公里，加速度可以达到 4G，急转弯时能够达到 9G。所以蜻蜓能够掌握苍蝇的飞行轨道，并且精确地把握截杀苍蝇的时机！

对于动物来说，猎食的时机稍纵即逝，唯有最精明的猎手，才能抓住那至关紧要的一瞬间，也才能够在自然界中立足。而对于一个企业来说，也是如此。

众所周知，光明莫斯利安是国内常温酸奶的领导品牌，也是国内第一款常温酸奶。它于 2009 年推向市场，2012 正式全国铺货上市，到 2014 年销售额便突破 60 亿，为光明贡献了 1/3 的营业收入，是中国乳业史上的一个神话。

但每一个成功都绝非偶然。光明莫斯利安的成功离不开其抓住进入市场的时间点。

中国乳业市场中有三巨头，除了光明外还有伊利和蒙牛。而在 2009 年推出莫斯利安之前，光明一直深耕中国低温鲜奶市场，也是这块市场中当之无愧的老大。而伊利和蒙牛的优势则更多的体现在常温产品市场上。但对于光明来说，如果能在常温产品上也能获得一席之地，那么对于稳固其市场地位毫无疑问是有好处的。

2008 年，一直在筹谋进军常温市场的光明终于迎来机会。公司经过全方位的研究认为，生产常温酸奶的时机已经成熟。

首先，从技术上来说，当时国内虽尚无常温酸奶品类，但国外常温酸奶技术已经成熟，国内随时可以引进，进行常温酸奶生产制造。同时，在国内的二三线城市，消费者喝的大多是当地小乳企生产的口味和品质较差的酸奶，或者是蒙牛“酸酸乳”、伊利“优酸乳”等酸味奶，这些饮品价格和营养都相对较低，并非真正酸奶。而随着消费升级以及我国城镇人口收入的增长，二三线城市对乳品的需求也越来越高，他们需要真正营养健康的酸奶来满足需求。酸奶与酸味奶产品本质的差异，以及消费者需求的转型升级，给光明开发低温酸奶提供了巨大的机会。

另外，由于常温酸奶的生产工艺比新鲜酸奶更复杂，因此制作成本也更高，对应的售价也需提高，这样才能覆盖生产成本。而正是因为担心市场无法消化更高的价格，因此伊利和蒙牛在当时即使已经采购了生产常温酸奶的机器，却迟迟未敢投产。但随着二三线城市居民生活水平的提

高，他们现在也完全可以负担口味更好价格更高的常温酸奶了！

于是，光明抓住国内市场上尚无常温品类酸奶但市场需求巨大，消费者又有足够的经济能力负担高价常温酸奶，且生产上的各方面条件也已经成熟的时机，率先进军国内常温酸奶品类，填补市场空白，在2009年初推出了自己的常温酸奶品牌——莫斯利安。

我们可以看到，在对时间维度的把握上，光明乳业率先发现国内常温酸奶在市场需求和生产技术两方面的成熟及蓄势待发，把握有利时机，积极引进生产，抢占先机，开辟全新的盈利点。莫斯利安的成功推出，让我们看到光明乳业无论是对市场和消费者的需求洞察，还是在决策的执行速度上，都拥有如蜻蜓一般精明的时机掌控力，因此才能够在快速变化的市场环境下，找到相应的切入点率先确立自己的市场地位。

时间

张裕葡萄酒

猎豹是世界上跑得最快的动物，它目光锐利，行动敏捷，爪齿锋利，擅长奔跑与攀爬，跑动起来速度惊人，能够捕捉草原上任何的动物。但是，它会等到有把握时才会出击猎物，它可以躲在树丛中等上一周，就是为了等到那正确的一刻。而且，它等待捕捉的并不是任何一只小羚羊，而是一只有病的或瘸腿的小羚羊，也就是说只有在万无一失的时候，它才会出手。

这应该说也给了我们很好的启发。不管是要进行市场开发，还是做其他决断，企业都需要具备像猎豹一样的耐心，同时配合精准的市场研究和分析，像猎豹一样适时出击，这样才能一击即中。

企业制定任何战略，研发任何产品，首先要基于市场的形成。广义上

的市场实质上就是在人们在经济可承受范围内形成的购买力。随着人们对各类商品需求的不断增多，消费者的购买欲望也在增强，在这种欲望的驱动下，有经济条件的情况下就会形成购买力，购买力一旦形成，就会形成相应市场。而市场空间何时会出现，则需要一个全方位的精准判断，快半步是先驱，快一步就有可能是先烈。

张裕集团的前身是“张裕酿酒公司”，建立于1892年。当时，中国大地列强横行，而著名华侨实业家张弼士坚信实业救国。一个偶然的机会，他获悉，山东烟台的葡萄非常适合酿酒。于是他亲自前去考察，看到烟台靠山面海，气候湿润，纬度和土质等皆与法国波尔多相似，确实是种植葡萄的好地方。之后，张弼士投资300万两白银，在烟台创办了张裕葡萄酿酒公司。这笔投资的数额，与当时修筑潮汕铁路的投资相当。大清国直隶总督、北洋大臣李鸿章和清廷要员王文韶亲自签批了该公司的营业执照。而光绪皇帝的老师，时任户部尚书、军机大臣的翁同龢则亲笔为公司题写了厂名。“张裕”二字，冠以张姓，取昌裕兴隆之意。中华世纪坛青铜甬道记载了1982年我国发生的四件大事，张裕的创立便是其中之一。

在120多年的漫长历史中，张裕获得的奖项数不胜数。在国际上，张裕曾参加1915年的巴拿马太平洋万国博览会（“世博会”前身），一举获得四项金奖和最优等奖状。在国内，虽然当时还是茅台、五粮液、剑南春等白酒的天下，但在1952年、1963年，1979年连续三届评选的中国八大名酒中，张裕的白兰地、红葡萄酒、味思美均榜上有名。

但红酒一方面作为外来酒种，消费者对其的接受和适应需要足够的时间；另一方面，在物质生活比较匮乏的年代，红酒这种相较其他酒种价格更昂贵的品类，也不容易在大众市场蓬勃发展。因此，国内的红酒浪潮一直没有掀起。不过，张裕还是在葡萄酒领域坚守着，耐心等待属于自己的机会。

2001 年 12 月 11 日，中国加入世贸组织（WTO）。作为一个拥有世界最多人口、最大消费潜在市场的国家，中国加入 WTO 导致大量优秀的跨国企业及品牌进入中国，意图在中国这个巨大的市场中分得一杯羹。而大量国际品牌的优秀产品的涌入，也唤醒了中国消费者消费欲望。过上有品位的生活，不再是有钱人的特权，"小资"生活也成为了普通群众的追求。

2002 年，也就是中国进入世贸组织的第二年，通过对葡萄酒市场进行分析，张裕发现自己的机会来了。当时的调研显示，葡萄酒市场正处于上升期，同时国内消费者对葡萄酒的消费开始出现差异化，并逐渐向中高端消费过渡。张裕由此作出预判，葡萄酒企业品牌成长的时机已经突显出来。并且，葡萄酒行业格局混乱、企业良莠不齐的时代也将结束，未来市场将逐渐向少数业内巨头集中，处于头部的企业都有成为行业领袖的机会，进而形成行业寡头垄断。

看到了机会，那么下一步需要的就是尽快行动。如何制定品牌战略，在这次变革中取得先机，对于张裕集团而言，是机遇也是挑战。

当时，消费者还没有形成成熟固定的消费习惯，消费观念不稳定，产品质量无法大力驱动消费增长，因此引领消费心理的需求成为品牌成长的主要动因。为了能够迅速占领中高端市场，张裕针对中高端市场的消费

者，选择充分利用自己历史悠久的优势，通过入沪百年事件行销，重新设计产品包装等，迅速为每一目标市场送上第一张企业名片，抓住了中高端市场走强的机会。

在品牌延伸方面，张裕集团结合了品牌的垂直延伸以及水平延伸两种方式，不但在张裕本品牌下不断推出中高端葡萄酒，以适应市场需求，同时还推出不同品牌的产品进行差异化的补充，力争全面占领市场，形成品牌上互补互强的战略优势。此外，张裕遵循制订的企业战略目标实施计划，还对产品设计、研发、生产、广告宣传的烘托等多个方面先后进行了彻底的改善和调整。

对市场节奏(时间节点)的精准把握，加上这一系列的针对产品、品牌等所做出的市场部署，最终也让张裕迅速成为众所周知的名牌，以及葡萄酒消费市场的领头羊企业。

资源

莫斯利安

长颈鹿是一种生长在非洲的反刍偶蹄动物，主要分布在非洲的南非、埃塞俄比亚等国。作为世界上最高的陆生动物，长颈鹿站立时最高可达6-8米，它们的“长颈”可以说是它们最宝贵的“武器”，能够帮助它们占据高处的食物资源——稀树草原地带，树木多为伞型，树叶集中在上层。当然，除此之外，长颈鹿也有其他的必杀技。它们的一对大眼睛是监视敌人的天生的“瞭望哨”，它们还会不停地转动耳朵寻找声源，直到断定平安无事，才继续吃食。另外，长颈鹿的长颈和长腿，表面积大，利于散热，因此也是很好的降温“冷却塔”。

对于长颈鹿来说，它们的长颈、长腿、大眼睛都是赖以生存的资源，这些资源也构成了它们的竞争力。而对于一个企业来说，拥有更多的资源优

势，也可以说那就是赢在了起跑线。当然，这个“资源优势”离不开长年的积累，进而形成如长颈鹿一样的天然优势。

2008年，国内酸奶需求，尤其是来自二三线城市的需求强劲，而光明的传统常温产品市场却已经趋于饱和，公司为了在常温市场上重新回到领先地位，决定打造一款革命性的产品进军全国，达成“新鲜领先，常温突破”的战略优势局面。

但在当时的常温市场上，已经有伊利和蒙牛两大龙头，所以光明如果想后来者居上必定也得下一番功夫。为此，对于自己是否能够打赢这一场反转之战，公司先对自己拥有的资源和能力做了自我审视。

首先，从发展历史来讲，光明的业务渊源始于 1911 年，是国内历史最为悠久的乳业品牌之一，因此对于公司来说，天生就自带着悠久的历史资源，有百年的积累和沉淀为倚仗。

其次，多年来，光明始终聚焦于乳品行业，并不断追求完美卓越的品质，因此拥有非常高的品牌知名度和消费者认可度。

此外，光明还有世界一流的乳品研究院、乳品加工设备以及先进的乳品加工工艺，在产品研发创新方面亦积累了丰富的经验。

以上种种经过多年积累而形成的天然资源优势，可以说是光明作为国内高端乳品引领者的资本，同时也是其他同行望尘莫及的地方。公司在新产品的研发、生产、制造、推广上实力强劲。同时，又有多年的行业领先的市场经验及研发与品牌优势，这些都足够支撑光明开发全新常温酸奶品类，抢占空白蓝海市场，成为市场开拓者和领航者。因此，对于光明来说，它是有底气打这一场战役的。

最终，在品牌、渠道、技术、产品等各种资源优势的加持下，莫斯利安这种划时代产品一经推出就大获成功，销量从 2009 年的 1.3 亿迅速突破到 2014 年的 60 亿，并且至今依然占据着常温酸奶市场的主导地位。

我们可以看到，在资源维度的把握上，光明乳业作为中国高端乳品品牌，本身就具有世界一流的乳品研发工艺，以及深厚的历史和品牌底蕴，

这些都是其构筑新品类的强大资源基础。就是在充分衡量与把握了这些“先天”资源优势的前提下，光明莫斯利安最终成为了常温酸奶的霸主，可以说，这本身也是一款血统优良的产品。

资源

长城葡萄酒

憨态可掬的树袋熊，也是澳大利亚的“国宝”。它们一生的大部分时间都生活在桉树上，每天只在夜间及晨昏时活动旺盛，而其他时间基本都在树上栖息，一天的睡眠时间达到22个小时左右，是名副其实的“大懒虫”。树袋熊虽然是个吃货，胃口很大，但是却很挑食，非桉叶不吃，并且澳大利亚的300多种桉树中，它们只吃其中的12种。奇特的是桉树叶含有丰富的桉树油，是一种天然消毒剂和杀虫剂，而树袋熊的肝脏功能却十分强大，能够分离桉树叶中的有毒物质。对于树袋熊来说，桉树是他们生存的根本资源，整个族群发展得好不好，完全取决于桉树生长的好坏。

和桉树叶对于树袋熊的重要性一样，原料葡萄品质的优劣也在很大程度上能够决定葡萄酒的好坏。

2004年，烟台长城面临外部张裕、王朝及内部华夏、沙城的双重竞争，如何确立独占价值，实现品牌突围是烟台长城亟需解决的问题。

通常情况下，定义一款好的葡萄酒的通用标准是产地，比如法国波尔多、美国纳帕等等。而烟台这一葡萄酒产地资源一直被张裕葡萄酒所占据。因此，对于烟台长城来说，就必须寻找属于自己的高价值的独占产地资源。

7 GREAT GRAPE COASTS

BREWED FROM HIGH QUALITY GRAPE IN
PENGLAI NAVA VALLEY BY YTCOFCO

世界七大葡萄海岸

中粮集团·蓬莱南王山谷产区原酿葡萄酒

通过对世界知名葡萄酒产地进行检索，提取其共同特质，公司发现，葡萄种植最佳的地理位置是北半球北纬50° 附近，南半球南纬40° 一带，其有利的气候条件是：地中海气候，夏季光热充足，昼夜温差大，有利于葡萄生长、糖分积累。总结下来，好的葡萄酒产地都同时具备3S标准，即阳光(sunshine)、砂砾(sand)和海滩(sea)。再与中国葡萄酒产区版图进行对标后，惊喜地发现，中国山东蓬莱正好符合这一标准。

基于以上发现，为实现烟台长城葡萄酒产地资源价值的塑造，烟台长城独创了“中国蓬莱——世界七大葡萄海岸之一”这一理念，打破了原有葡萄酒行业新旧世界的划分，重新将世界葡萄酒格局分为海岸葡萄酒和内陆葡萄酒。从而改变了烟台长城的资源力量，使烟台长城成为海岸葡萄酒的代表，与其他竞争品牌形成有效区隔。因为世界不可能再多一块海岸，葡萄种植受到强大的地理条件制约，这是不可复制的高壁垒价值。

通过发掘“葡萄酒七大海岸”，重构世界葡萄酒格局，烟台长城将自己置于全球舞台上参与竞争，也激活了品牌的价值容量。此后7年，公司的销售收入一直保持着16%以上的增长速度。另外，烟台长城也因革命性地提出“世界七大葡萄海岸”的崭新理念而被列为经典案例，并纳入中国高校教材。

我们可以看到，资源维度的把握上，在现有产地资源已被占用的不利情况下，烟台长城通过全面而细致的梳理，最终重新找到了自身可以依赖的资源，并且这还是自己有的、其他大多数竞争者没有的资源。公司以此作为品牌重塑的资本，一方面重新打开了属于自己的市场，另一方面也为

中国蓬莱·南王山谷——世界七大葡萄海岸之一

Nava Valley ·Penglai China —— One of the 7 Great Grape Coasts

竞争对手的发展设置了发展壁垒，可谓一举两得。最后，这个被挖掘的资源优势转化成了公司的产品优势，在市场上更具竞争力。

烟台长城的案例也给我们上了生动的一课，告诉我们企业在品牌规划和产品设计上，不仅要学会梳理自己可以利用的资源，更要学会去发现自己独有的资源优势，进而创造自身独特的竞争优势。只有这样，企业才会获得更多的发展空间，走得更稳更远。

资源

佳通轮胎

盘羊作为世界传统狩猎动物珍品中的三绝之一，似乎天生就是山地的主人。它们一般喜欢在半开旷的高山裸岩带及起伏的山间丘陵生活，而可可西里盘羊甚至可以生活在海拔 5000 米以上山区的高寒草原、高寒荒漠、高寒草甸等环境中。从躲避天敌的能力来看，盘羊的视觉、听觉和嗅觉都很敏锐，同时性情机警，稍有动静便会迅速逃遁，再加上它们在悬崖峭壁上奔跑跳跃的本领，因此天然就占尽了优势，能够使得它们远离很多捕食者；从生存的能力来看，盘羊极耐饥渴，能几天不喝水，仿佛天生就是为了这个环境而生的一般。从繁衍以及成长的能力来看，盘羊的幼崽能够迅速适应环境，出生后毛一干便能直立起来吃奶，几小时后即可随雌兽活动，完全不像人类，需要学习很久才能够学会行走。正是因为掌握了在这

个环境中生存所需要的一切能力(资源)，并且能够灵活将之运用，所以盘羊才能够在山地这片平常动物极难生存的土地上生活得如鱼得水。

对于企业来说同样如此，唯有和盘羊一样拥有独特的资源，并且能够善于运用这种资源，才能在未来有可持续的发展。

中国个人汽车工业高速增长的趋势，给轿车轮胎市场带来巨大的空间。因此对于已经进入中国十年的佳通集团来说，未来的轿车轮胎市场无疑是最值得争夺的重要阵地。

2001 年，佳通欲顺应趋势，进驻轿车轮胎市场。然而，当其梳理本身品牌和市场的覆盖面时发现，由于公司前期主要布局货车及工程车轮胎领域，因此佳通在个人消费者心智中的品牌形象相对低端。于是，摆在佳通面前的只有一条路，就是开启品牌升级工程。

但这也并非易事，因为在当时，轮胎的物理性、功能化的诉求都已经被米其林、固特异等品牌轮胎占用，而其他太过专业性的语言对于普通消费者来说又很难直接感知。也就是说，佳通亟需差异资源为自已塑造品牌价值。

事实上，由于佳通在中国布局较早，且通过合资、战略并购等方式先后在福建、安徽、重庆、银川及桦林等地成立了分公司，拥有七家工厂，因此公司累积了强大的战略性生产资源。

经过对已有资源的盘点和分析，佳通认为此前收购的银川轮胎企业有值得采用的价值差异资源。因为该公司有制造过飞机轮胎的历史，而市场调研又显示，90% 以上的消费者都认为飞机轮胎在各品类轮胎中性能

最佳。因此按常理来说，拥有飞机轮胎制造水准的佳通，自然也会拥有制造轿车轮胎的专业能力。

最终，佳通决定将其作为自己的差异资源点，并以此为核心塑造独特的品牌价值，提炼出“能造飞机轮胎的佳通集团”的品牌定位，不仅很好地体现了公司的科技感和高性能，也快速提升了佳通在消费者心中的形象。

企业梳理分析自有资源，并对其做出价值预判的目的是为了确立自己的竞争优势。而资源的发掘，就是要找到消费者感兴趣的痛点。佳通正是紧紧围绕着“轮胎性能”这一消费者最为关心的课题，最终准确定位了

自己的差异能力资源——别说造轿车轮胎了，就是造飞机轮胎都不在话下！而也是因为一举切中了消费者的痛点，因此佳通产品很自然地获得了市场认可，在战况激烈的轮胎战场成功突围，实现了中国轮胎行业中的多项第一。

竞争

莫斯利安

作为能与鹰相较量的大型鸟类，非洲秃鹳栖息在潮湿及干旱的环境，主要分布在撒哈拉以南非洲地区。它们是非洲的鸟类明星，在长相丑陋的鸟类中，非洲秃鹳无疑位列前茅；若论非猛禽类的天生猎手，它们也能坐头把交椅。

虽然飞起来沉重又缓慢，但个头巨大，嘴长且硬的优势使得非洲秃鹳具有和兀鹫、秃鹫争夺腐肉的实力，抢夺中小型猛禽的食物更是不在话下。而更让非洲秃鹳声名鹊起的是，它们抢夺食物也猎杀活物，专门在火烈鸟的聚集地猎食活的火烈鸟，因此也被称为草原鸟类鬣狗。

对于一个企业来说，要战胜竞争对手，永远都要以自己的长处去攻击对方的短处，就像非洲秃鹳那样，只有充分发挥自己的优势(非洲秃鹳个

头巨大，嘴长且硬），建立自己的护城河，才有机会享受最后的战利品。

光明莫斯利安是光明集团于2009年推向市场的一款全新产品，也是国内首款常温酸奶，曾书写了中国乳业史上的一则传奇。它的成功，也离不开光明集团为其精心构造的竞争壁垒。

经过层层的市场研究与分析，2008年光明初步确立了进军常温酸奶市场的战略方向，力图抓住这个当时还没有玩家的市场。

但是，解决了战略方向问题并不是意味着后面就一路坦途了。在这个信息快速传播的社会，要想从根本上为竞争对手设置竞争壁垒，保证自身能够率先享受红利，就需要一系列的安排和布置。

首先，由于常温酸奶比新鲜酸奶多一个后道工序，其制作成本比新鲜酸奶高昂，因此势必要有较高的售价才能支撑生产成本；但另一方面，消费者对“常温乳品”有低价，营养不如新鲜乳品的普遍认知，因此售价过高的话市场接受度恐怕有限。

因此，要解决这一“认知—售价—成本”的矛盾怪圈，常温酸奶就必须提升产品价值。翻阅图书馆所有与酸奶相关的科研资源后，光明发现，1905年诺贝尔奖获得者俄罗斯科学家梅契尼科夫曾考察研究世界著名的长寿村——保加利亚莫斯利安村。梅契尼科夫发现当地村民每天都有饮用自酿酸奶的习惯，在对此进行多番研究后，其发现，莫斯利安村民的长寿与世代饮用自酿酸奶有着密切的关系。

因此，诺奖得主的权威背书及长寿村神奇秘密的丰富联想，为光明莫斯利安常温酸奶构建了强有力的品牌故事，不仅赋予了产品高品牌价值，也能与之后的竞争对手有效区隔。

光明莫斯利安推向市场后，光明预见到未来常温酸奶市场份额增长存在巨大空间。为此，公司又决定采取相应措施，对市场进行一定程度上的垄断，防止竞争者快速跟进。

当时利乐公司推出全新钻石包，该包装由纸、铝、塑组成的六层复合纸包装，能够有效阻隔空气和光线，让牛奶和饮料的消费更加方便安全，且保质期更长，包装效率更高。光明正是选择了这一钻石包作为常温酸奶的产品包装。之后，光明向利乐公司购买了钻石包装 3 年的专利，以此抵御竞争者快速跟进。也正是这一举措导致蒙牛、伊利 2013 年才进入常温酸奶品类，保证了莫斯利安对常温酸奶市场的 3 年独享。

而在销售模式上，光明也做了极大的创新，独创酸奶按箱售卖模式，锁定了礼品消费市场。通过创造新的礼品消费场景，有效地提升了产品的销量。

最后，在品牌推广以及营销方式上，光明也采用了和以往不一样的方式，以此来区别市场竞争对手。在品牌推广中，与市场传统做法——邀请明星代言人进行推广不同，这次光明是大胆启用莫斯利安当地玫瑰公主作为形象代言，目的是营造一种正宗的氛围。在营销上，光明莫斯利安亦没有盲目选择投入巨大的电视节目，而是选择了如邀请消费者亲临莫斯利安实地探访等类型的公关活动，以发现的视角诠释品牌内涵。

可以说，这些策略在统一贯彻莫斯利安品牌调性的前提下，既保证了新品上市的曝光度，又激发了消费者的参与热情，使莫斯利安产品销量持

续稳健增长，与竞争对手也成功拉开了距离和时间差，真正实现了小投入、大回报。

纵观光明莫斯利安的整个产品和市场策略，我们可以看到公司在竞争维度的把握上是采取多点出击的策略，在包装等多个方面设置了专利上的门槛，以此为竞争者画了一条无法逾越的鸿沟，拉大他们与自己的差距。同时，又创造了更符合消费者心理的消费场景和全新营销模式，更是赢得了消费者的心，最终让自己在常温酸奶这条赛道上遥遥领先。

竞争

佳通轮胎

对于动物来说，它们之间除了竞争关系，还存在合作关系。就像彩女鱼与大鲈鱼，两者之间有一种奇妙的合作：彩女鱼用尖嘴为大鲈鱼清除伤口的坏死组织，啄掉鱼鳞、鱼鳍和鱼鳃上的寄生虫，并将这些脏东西作为自己的美味佳肴。而当敌害来临，大鲈鱼自身难保时，为了不让自己的朋友遭殃，它总是先吐出彩女鱼，然后自己方才逃之夭夭，或冲上前去独自面对敌害。这种合作对彩女鱼与大鲈鱼双方都很有好处，生物学上将这种现象称为“共生”。

大鲈鱼在遭遇危机时，并没有将彩女鱼先拿出去送死，而是自己站出来面对强敌，从表面来看很”吃亏“。但正如我们所说的”吃亏是福“，也正是这种吃亏精神，才让大鲈鱼获得了彩女鱼这个好伙伴。

这对于企业发展来说应该也有着很好的启示作用。企业在竞争中如果能够善于取舍，很好地用好他方力量，毫无疑问会给自己添上不少助力。

2000年起，中国汽车工业步入高速发展的快车道，与之配套的轮胎产业也随之踏入激烈的竞争。一方面国内品牌依靠“地利”拥兵自重，另一方面拥有先进技术的国际品牌如米其林、固特异也纷纷加入战局，抢占中国这个巨大的市场。面临国内国际品牌的激烈竞争，已进入中国10年的佳通如何实现快速突围成为其亟需解决的重大问题。

在当时，虽然佳通在福建、安徽、重庆、银川及桦林等地都成立了分公司，拥有七家工厂，有着强大的战略性生产资源。但其终端销售渠道铺设较弱，以致强大的资源优势难以转化为销售业绩。也就是说，公司手中虽然握有一手好牌，但公司并没有很好的策略将其打好。

因此，摆在佳通面前的问题就很简单了，就是要将自己手中的资源聚集起来，用一种好的商业模式将其转化为实实在在的业绩。

最终通过研究，佳通瞄准了自身终端渠道体系的痛点，开始对其商业模式顶层设计进行改造——创新设计商业模式，为各个终端渠道设计不同的佳通子品牌，并将品牌所有权赋予合作终端。

这种方式虽然从表面上看是终端获得了品牌所有权，但是从长远和大局来看，佳通拥有的却是各个终端渠道的营销推力，不仅使得佳通的产

品成为未来各个合作终端的主推方向，而且也在一定程度上统一了各个合作终端的推广节奏，进而使得佳通获得更多的忠实合作伙伴，快速提升市场份额，并将佳通品牌做大做强。

最终，在2001~2004年间，佳通销量连续4年蝉联全国榜首，而公司也成为中国第一个年销售额过百亿的轮胎企业！

在竞争维度的把握上，我们可以看到，佳通采用的是合作共赢的方式，通过舍弃自己的品牌所有权，从而团结了各大终端渠道，聚焦了自己的优势，最终成功激活终端竞争活力，化资源优势为销售业绩。

iRC

竞争

阿里斯顿

世界上最恐怖的生存环境，莫过于荒漠。岩漠、砾漠、沙漠等多种沙漠地形天然不适合大多数动物长期生存。但作为一种顽强的生物，巨泡五趾跳鼠却能够生存在干旱荒漠和荒漠草原地带，其最初产于中国和蒙古，如今在东南欧、北非，中亚等地均有分布。由于荒漠独特的地形限制，为了更快地移动，巨泡五趾跳鼠的身体进化为通过后肢来辅助前行，后肢长度至少是它们前肢和长尾的四倍，从而增加了平衡性，便于他们到处跳跃。

阿里斯顿作为一家诞生于 20 世纪 30 年代的百年老店，一直都是全球领先的家庭供暖热水专家。但是这个全球热水器市场份额第一的企业，在 2009 年的时候，在中国市场的份额仅为 7.36%，这对于阿里斯顿的中国市场布局和发展来说远远不够。因此，如何重返第一集团军的阵列，就成

为阿里斯顿的当务之急。

在对自身生态系统进行检测和研究后，阿里斯顿发现，一直以来，公司都将中国作为全球最重要的市场，进而实施了本土化战略。这个方向是没错，并且也成功让阿里斯顿融入了本地基因。但是，却又带来了新的问题——

首先，阿里斯顿产品被“国产化”后，很多中国消费者误以为阿里斯顿是本土品牌，失去洋品牌价值后的阿里斯顿在市场中完全被一大批国产品牌淹没了；其次，很多消费者误以为阿里斯顿是传统白色家电——冰箱。

对于每一个商业品牌来说，有两大重要因素不可缺少，包括核心认知和延伸认知，并且这二者相辅相成。核心认知，指的是品牌内涵中最独特、最个性的元素；延伸认知，指的是一些虽非特别关键，但也不可忽视的品牌元素。

所以，很明显的，大多数消费者对于阿里斯顿的品牌认知出现了偏差，而正是因为这种混乱的认知，才导致阿里斯顿在市场竞争中失利，因此需要重新校正。

面对消费者对于阿里斯顿品牌认知的模糊性，公司决定下大功夫，重新塑造清晰的品牌价值体系。一方面，从“全球热水器市场份额第一”的市场现状中提取出“全球热水器之父”的全新定位，并根据这种定位重新设计品牌宣传语等，给消费者一个明确清晰的定位。

另一方面，阿里斯顿又确定了“爱家”的品牌核心，并提炼品牌传播语——温暖全家，从阿里斯顿开始。因为从受众角度来看，每一个商业品牌，都会在受众心智中引起两种类型的共鸣：感性的和理性的，二者同样也是互相支撑。受众总是先从感性上认识你的品牌，然后才会深入到理性层面。而“爱家”、“温暖全家”这些理念显然能够很好地从感性与情感的层面拨动消费者心上那根弦。

可以说，阿里斯顿这些全新的传播文案，将旗下产品全部都赋予了新的传播概念，也重申了公司自身“国际大品牌”的独特属性，进而抢占消费者心智高地，助力公司重返第一集团军的阵列。

面对激烈的市场竞争，企业除了要在市场、产品、资源等方面衡量评判自己的优势外，另一方面的工作也不可少，那就是分析找到自己所面临的竞争都在哪些方面，竞争最激烈的地方在哪里，企业想在竞争中获胜又需要从哪里率先突破，这些也是对竞争维度的分析。

以阿里斯顿的案例为例，我们可以看到，公司所面临的竞争还是与国

产品牌之间的产品（质量）及品牌竞争。因此，公司抓住这个突破点，以及消费者普遍认为洋品牌价值更高的心理，重申了“自己是国际大品牌”这个事实，通过“全球热水器之父”和“欧洲热水器销量冠军”的市场定位及宣传语，让消费者对阿里斯顿品牌有了更明确清晰的认知，最终也让自己在品牌众多的热水器市场中脱颖而出。

此外，阿里斯顿案例也告诉我们，企业在品牌的规划和设计上，并非是一成不变的，一定要像巨泡五趾跳鼠为适应环境而进化出超长后肢一样，根据市场变化来做相应调整，这样才能在更加复杂的环境中，迎接更激烈的竞争！

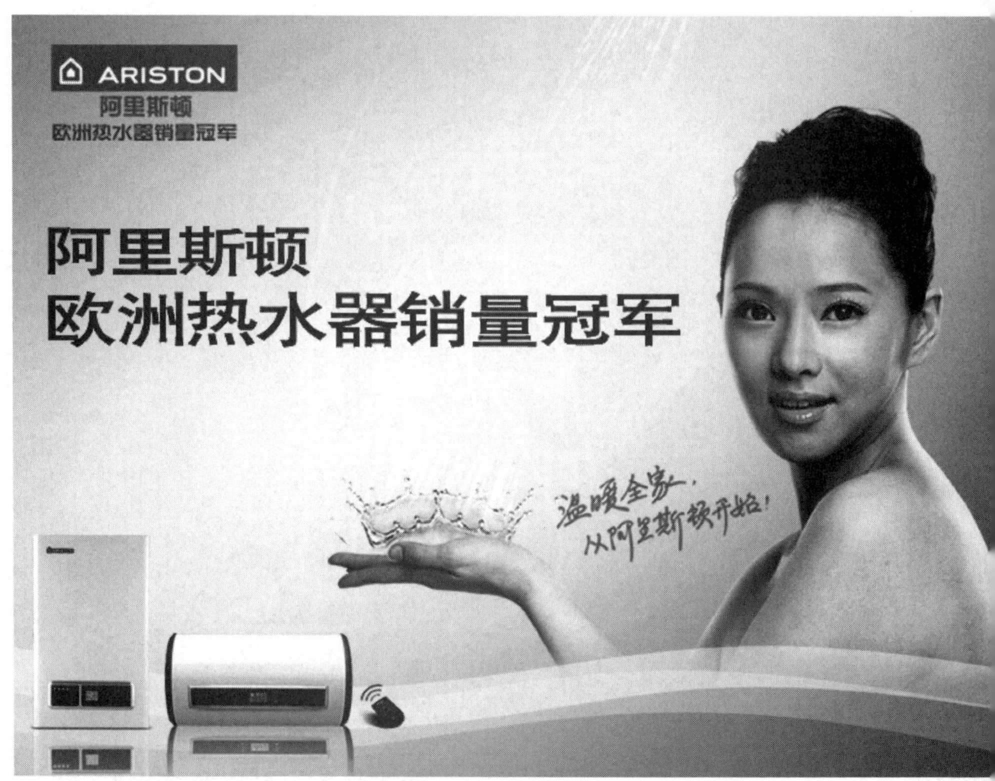

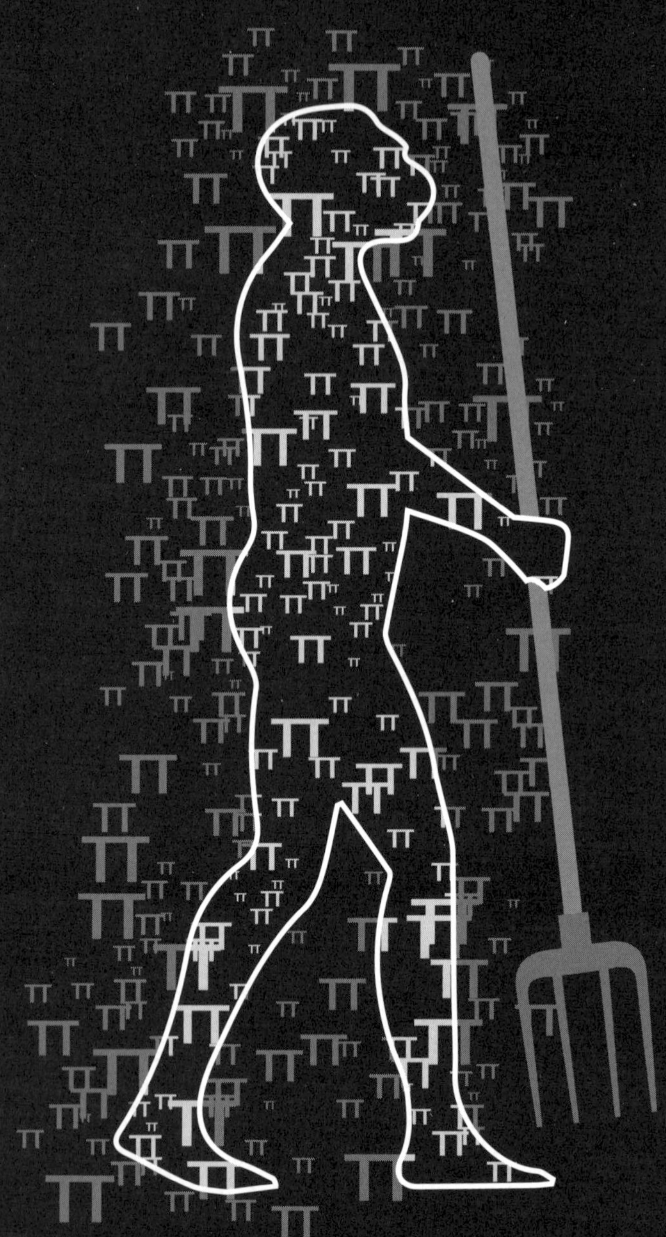

第五章

“幼年期”品牌案例集锦

空间

四特

北极燕鸥是已知生物中迁徙距离最远的世界纪录保持者。它们要从加拿大北部的繁殖地迁往南极洲南部近海，然后再返回繁殖地，这样的“旅行”每年都会进行一次，平均飞行里程超过 7 万公里。而且作为长寿的鸟类，北极燕鸥的寿命可以达到 30 多年，因此这些长距离的飞行冠军，一生飞行的路程将超过 240 万公里，其距离可以往返月球 6 次，这是多么惊人的数据！

不过，北极燕鸥为人所称道的可不仅仅是它的“能飞”，更有它的“善飞”。因为作为聪明的北极燕鸥一族，它们还会根据盛行风向进行迂回飞行，这是多么令人惊奇的能力！

和北极燕鸥一样，能够根据盛行风向进行迂回飞行，善于根据环境做

出改变的，还有我们今天要讲的这家企业——四特酒。

四特酒是江西地方品牌，作为独特香型的白酒凭借着醇厚品质和上佳口感征服了数代中国人，承载着无数老百姓曾经为之感怀的记忆和往事。

不过，一直以来，四特酒的品牌曝光度和影响力并不高。2008 年四特酒年销售额仅两三千万，而且作为一款仅在江西当地比较知名的地方性白酒，消费者对其的品牌认知也只是中低端品牌。

为了拓展市场和一改原有的消费者品牌认知，推动四特酒进军高端市场，公司考虑推出一款价值 2000 元的，包装复杂昂贵的青花瓷酒来塑造其高端品牌形象。

但是问题还是出在产品定位和定价上。四特青花瓷酒定价 2000 元，而市场研究发现，消费者愿意接受的中高端白酒的价格空间一般集中在 300~400 元。四特酒 2000 元的标价已经让其超越了高端白酒，变成了白酒中的奢侈品，价格会让大多数消费者无法接受。

当四特认识到自身的价格不符合主流消费能接受的范围时，公司及时改变了策略——根据自己的产品进行重新定位设计，使其回归有效竞争空间。在外观包装上，舍弃原本昂贵复杂的青花瓷外包装，配以清新简明的景泰蓝 + 宝相花包装，最终打造一个全新的，主流消费者都能接受的中高端白酒品牌——东方韵，以此来助力四特打开中高端白酒市场的大门，让更多消费者认识四特酒，爱上四特酒。

正是这种以退为进的策略，让四特东方韵一跃成为国内知名的白酒

品牌，在四特特香型酒水的质量保障下，四特的良好口碑也在日益丰满：四特东方韵在 2009 年四川糖酒会上一经推出就收获了 8000 万的订货额，超过了以往四特年销售额的 3 倍多；此后，更是持续保持了多年的高速增长，包括在新时期三公消费受限高端白酒遇冷的行业低潮时期也是如此。六年内，四特东方韵销售额直线跃升至 18 亿，毋庸置疑地成为了四特酒业一支超级明星单品。

四特东方韵的成功让我们看到四特酒业通过及时的市场研究，很好地把握住了企业发展的空间维度（这里更是一种市场方向感），然后改变自己找准定位，最后迎合时代的潮流来拉动企业增长。当然，在产品的合理设计规划上，四特酒的努力同样被市场证明是正确的。

从四特酒发展的案例上，我们可以看到企业发展缺少不了北极燕鸥能够根据盛行风向迂回飞行的能力，在最重要的产品规划和设计上，要重

视市场格局，找到正确的市场方向。只有这样，企业方能像北极燕鸥一样，拥有更加长久的寿命，获得更加持久的发展！

空间

东方素养

《进化论》认为“物竞天择，适者生存”，唯有能够适应环境变化的动物才能够长久的生存下来。而生命从水生到陆生的演变，也是生命不断适应新的生存环境的过程。目前已知最早的两栖类动物——鱼石螈，其化石发现于格陵兰泥盆纪晚期的地层中。主流观点认为鱼石螈是由“提塔利克鱼”进化而来，而且在很多地方与总鳍鱼有着相似之处，如头骨高而窄，鳃盖骨消失了，但前鳃盖骨的残余仍存在，身体表面披有小的鳞片，身体侧扁，还有一条鱼形的尾鳍，具有迷齿式牙齿。种种迹象证明，鱼石螈的祖先是水生生物，然而其尾鳍退化又长出四肢，就意味着鱼石螈在适应环境的变化中进化出了全新的形态，鱼石螈的这种进化属个体案例，但同时又值得深思。

和鱼石螈一样，一个物种能够实现“适者生存”的前提条件，就是需要进化出适合在新环境中生存的能力。这个理论同样适用于企业。而三生集团就是这样一家通过引进非本土产品，又将其和本土文化及环境融合，形成一款”两栖式“的全新产品——东方素养，进而打开新生存空间的企业。

2012 年，直销企业三生集团从韩国引进“生食”系列产品，意欲将其打造成一支明星单品。所谓“生食”，即以几十种天然有机的五谷、杂粮、蔬菜，水果、山菌、海藻等植物为原料，采用瞬间真空冷冻干燥技术，制作的植物代餐粉品类产品。

然而这些生食品牌基因中带着明显的韩国文化烙印。它们在韩国广受欢迎的原因，除了健康饮食是当时韩国市场的主流趋势外，另一个很重要的原因便是韩国人素有喜食生食的习惯。而中国人的饮食习惯是素来喜食熟食，对生食的接受程度相对较低，“煎炸焖炒酱”等各类对美食的热加工方法便是一个证明。所以在饮食文化上，“生食”产品所带的韩国文化烙印天然就与中国市场的消费文化存在一定的排斥性。它们在韩国很流行，但在中国却不一定能够火起来。因此，“生食”从原有市场空间，进驻新的市场空间时，空间适用性成为了三生集团必须解决的首要问题。

最后，基于对空间适应性的考虑，三生集团放弃从韩国引进的“生食”品牌命名，而是重新定位品牌，将产品命名为“东方素养”，并将东方素养定位于食源健康解决之道，并提炼出“清理、平衡、滋养及扶持”的产品价值，使其符合中国消费者对于代餐品类的心理联想，打破消费者心理防御壁垒。

当时又恰逢大健康产业热火，三生集团根据对大健康产业的现状考量，在产品上又选择将植物代餐粉这种符合未来发展趋势的产品作为主推产品。除了为其设计了分别针对男、女、老、幼四大群体的产品系列包装，达到了所有年龄段消费者的全覆盖，构建了产品相应的外延价值外，还通过对不同市场的区分，实现精细化运作产品的推广和营销。在后期，东方素养不仅成为三生集团新的增长引擎，更是国内全新植物代餐粉品类的代表。

随着国内市场国际化步伐的加快，很多企业都会从国外引进新的品牌和产品，但是成功者却寥寥无几，究其原因还是因为大多数企业都只是生搬硬套，并未看到各个市场的不同，从而及时对品牌和产品进行恰当的调整。从东方素养的案例中，我们可以看到，对于一款舶来品来说，如果想要在新的市场获得和原有市场一样的成功，都需要根据新市场的客观环境“进化”，获得像鱼石螈一样的“两栖”特征和能力。而对于一家公司来说，则需要有空间维度的概念，有洞察这种市场区别的敏锐感。

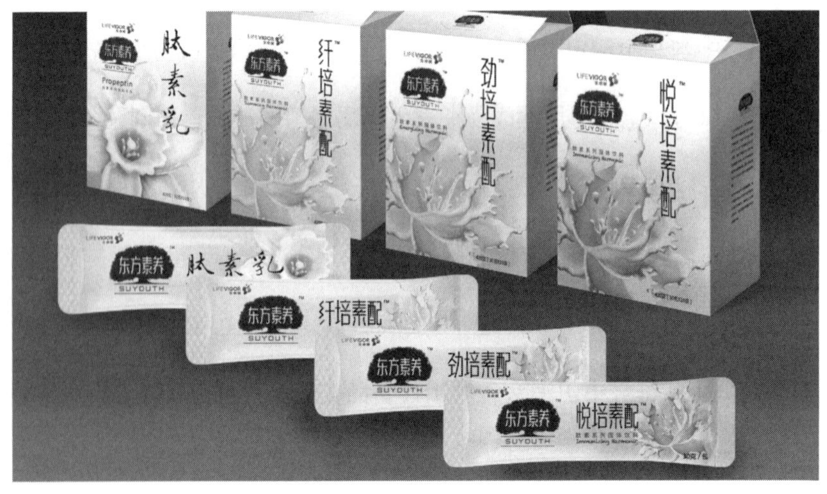

LIFEVIGOR
生命健
东方素养
SUYOUTH™
东方素养 至纯分享
魔鬼身材的秘密
亚洲小姐－王希瑶
【早晚一杯 健康享瘦】
有机植物
冻干科技
零添加
专利配方
【素】回归天然本源，净其身，清其心
【养】调理内在健康，养正形，扶正气
yofoto三生
www.yofoto.cn

资源

哈尔滨啤酒

作为动物界少有的三栖动物，苍鸮不仅可以捕猎老鼠、青蛙、野兔，还能够捕猎中小型鸟类，甚至连鱼类都不在话下。苍鸮捕猎效率很高，每天大约捕捉 3 只老鼠，一年消灭鼠类 1000 只以上。当然，这么高的捕猎效率离不开它们完美的身体形态构造和高明的捕猎技巧。

首先，苍鸮拥有非常出色的夜间视觉，灵敏度几乎高出人类 100 倍。与此同时，苍鸮在捕猎时还会依靠听觉线索。苍鸮不对称的双耳增强了其听觉的空间定位能力，而圆盘形的面部不仅能帮助辨别声音的方向，还能起到放大声音的作用。此外，苍鸮还拥有 3.6-4.0m/s 的捕猎速度，能够迅速俯冲抓住猎物。在飞行过程中，苍鸮独特的飞羽结构能够最大限度地降低飞行中产生的噪音，噪音低至 1kHz 左右，而那些作为苍鸮猎物的啮齿

动物只对频率在 2kHz 以上的声音较为敏感。另一方面，啮齿动物发出的噪音在 2~10kHz 之间，而这恰恰在苍鸮的听觉范围内。

因此，正是这些得天独厚而又恰到好处的身体条件（资源优势），让苍鸮成为了横跨海陆空三界的高明猎手。

这对于企业来说是一样的，但又是不一样的。因为苍鸮的成功得益于其所拥有的众多天然优势，但与此同时，苍鸮又是一个天生的整合资源的高手。而对于一个企业来说，拥有尽可能多的资源固然重要，但如果不懂如何整合资源，那可以说仍然是无济于事。

哈尔滨啤酒早在 2002 年就有意将品牌出售给国际酿酒巨头安海斯公司（AB）。然而，由于双方就报价存在过大异议，所以这笔交易迟迟未能达成。

哈尔滨啤酒认为，造成其品牌价值被严重低估的原因在于，公司长久以来对品牌缺乏系统塑造。因此，对于当时的哈尔滨啤酒来说，寻找有价值的资源为其品牌价值背书，并重新构建哈啤新的品牌价值系统，成为其当时最重要的任务。

事实上，哈尔滨啤酒作为中国大陆第四大啤酒酿造企业，旗下拥有 13 家啤酒酿造厂，公司本身拥有的各类资源并不少。比如说，哈尔滨啤酒品牌起源于 1900 年，比当时公认的起源于 1903 的青岛啤酒还要早，是中国历史上真正最早的啤酒。对于这一具有非凡意义的品牌资源，公司决定先将其价值显性化，并由此打造了 1900 高端系列产品，不仅填补了哈尔滨啤酒高端市场的空白，还将哈啤真正定义为了中国最早的啤酒，成功地给哈尔滨啤酒品牌赋予了厚重感及历史感。

同时，哈尔滨啤酒还对自己的地域资源进行了梳理，进而认定哈尔滨啤酒的酿造地是中国啤酒酿造地中纬度最高的地区，属于低温酿造啤酒，这也是国内其他啤酒品牌所不具备的特色差异资源。据此，哈尔滨啤酒提取了冰生态作为差异化战略定位，形成了独具特色的区域品牌价值。这个冰生态从具体来讲，就是从地缘基因（哈尔滨"冰城"的美誉）、啤酒基因（啤酒还是"冰"的最好）、视觉基因（重新梳理马车、酒桶、俄式建筑等元素）三个角度，重塑哈尔滨啤酒的核心竞争力。

此外，哈啤旗下拥有 5 个啤酒品牌及 13 个啤酒厂，各品牌各自为战，无法形成统一合力，也严重影响了品牌价值评估。针对这个问题，对哈啤旗下品牌进行了整合，重新构建清晰的品牌体系，其中将哈啤品牌作为中高端品牌，其他品牌作为中低端品牌。这样，哈啤与其他品牌在同一规划指挥下，在各自优势区域协同作战，依靠渠道力量，成功击败了同档次的区域其他竞争对手。

经过以上对品牌价值的重塑以及品牌体系的重建，哈尔滨啤酒迅速成为东北啤酒代表品牌。2003 年，哈啤的生产能力由合资时的 15 万吨发展到 118 万吨。2004 年，公司最终也以非常丰厚的条件被安海斯收购。

在资源维度的把握上，哈尔滨啤酒挖掘特色历史资源和地域资源，同时整合了各个品牌的资源，最终打造了一个完整的哈啤品牌价值系统，提高了品牌的整体影响力，进而也提升了产品的市场竞争力。

从哈尔滨啤酒品牌重塑的案例上，我们能看到对于企业和品牌来说，

能够整合公司本身所拥有的资源才是最重要的能力。而对于那些有过多次合并收购的企业，仔细梳理各个品牌与产品的结构更是一项不可忽视的工作。手中的资源只有用好了，方能打造出自身的独特竞争力，也唯有这样，才能像苍鸮一样拥有海陆空通吃的本领！

资源

西湖啤酒

中国有句俗语：“龙生龙，凤生凤，老鼠的儿子会打洞。”对于包括老鼠在内的鼠类来说，打洞是它们天生就会的本领。比如被称为挖洞高手的鼢鼠，能挖出数十米复杂的“地下豪华套间”。但若论挖掘技术的高超，首屈一指的还是鼹鼠，而鼹鼠并不属于鼠类，它们是“食虫类”，跟刺猬是亲戚。鼹鼠比鼢鼠更擅长挖洞，这是因为鼹鼠的身体结构更“专业”。它们的躯干呈圆筒形，皮毛柔软光滑富有弹性，眼睛耳朵几乎缩没了。而最凸显它们专业气质的，则是它们又宽又扁的前脚掌—五根指头一字排开，膨大的腕部籽骨如同一根额外的“拇指”，增加了前脚掌的挖掘面。有了这对“肉掌挖掘机”，鼹鼠自然能在地下自由来去，宛如土行孙一般。

相较于其他挖洞的鼠类来说，鼹鼠因为拥有深挖洞穴的更好的“武

器”，因此也就能够独享地下深层的资源。而对于一个企业来说，有时候大家能触及到的资源都是一样的，但如果你拥有比别人更强的本领，或许也就能够从中挖掘出更多的价值。

杭州西湖啤酒地处人间天堂——杭州，是一家中日合资的啤酒企业。国内的啤酒市场一直不乏竞争，而西湖啤酒也总是没有太大的作为，甚至一度陷入困境。

要说起公司的问题，那么最大的问题便是其品牌老化，在激烈的市场竞争中很容易被淹没。

对于企业来说，最怕老化的不是"品牌"，而是心态；对于企业家来说，最怕的不是市场麻木了，而是自己麻木了。西湖啤酒的心态没有老化，也没麻木，面对竞争，公司立志改变。因此，为了克服品牌老化这一问题，公司开始对其品牌形象和产品进行全面升级，并计划打造一款高端啤酒。

在对可利用的企业资源进行梳理的基础上，公司认为，西湖啤酒产地为杭州西湖，而西湖正是自己拥有的强大资源优势，具有美好的联想。然而，这一资源也是区域内其他同行的资源，已经被多类产品多次使用，因此公司若想要获得新的资源价值，就需要深挖。

于是，西湖啤酒开始拓宽其资源的搜索深度，不再局限于与西湖相关的各个景点等资源，而是从描绘西湖的经典故事中，寻找尚未使用的价值资源。最终，选定中国描绘西湖的古典诗句“西湖雨后，绿波两岸平拍”，并从中选取了可以体现西湖神韵的“绿雨”二字作为西湖高端啤酒的品牌名称。通过“绿雨”二字中蕴含的西湖文化价值，拔高了西湖绿雨啤酒的品牌

格调，将其从同其他同质化产品的竞争中区隔开来。

同时，结合虎跑泉水资源优势，提炼“醇香源自高科技、清冽来自甘泉水”的定位，构建了极具视觉冲击力的价值系统。

原来，西湖啤酒在市场上定价为 2 元 / 瓶，而在对品牌价值与产品进行升级后，西湖啤酒以价值定价，将西湖绿雨打造为 8 元 / 瓶的高端啤酒代表，最终实现了西湖绿雨啤酒的品牌溢价。而绿雨西湖也成为杭州高档餐饮场所销量最大的啤酒产品。

西湖啤酒这个案例很好地展现了当公司面对共有资源浅层次价值都被挖掘殆尽的时候，如何独辟蹊径创造出另一种深层次的资源价值。这对于企业来说，应该是非常具有启发性的。随着现代社会资源与产品的逐步同质化，未来想要吸引更多消费者，在市场上独占鳌头，那么就需要企业拥有像鼹鼠那样的精神，能够充分深入地进行挖掘，进而获得更多的资源和优势，让自己得到快速成长与发展。

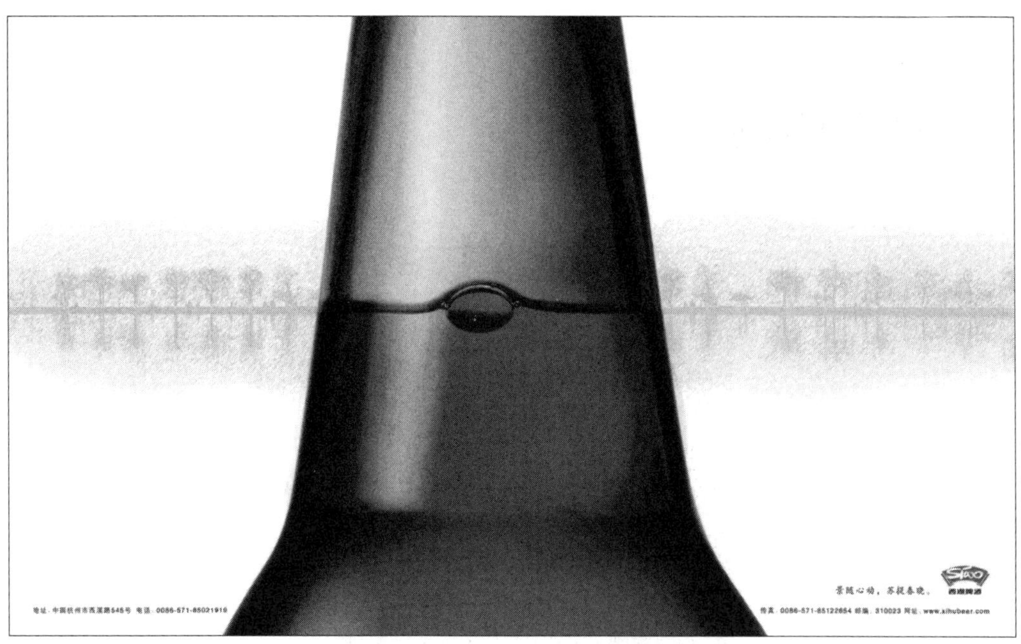

景随心动，苏提春晓。
西湖啤酒
地址：中国杭州市西溪路545号 电话：0086-571-85021919
传真：0086-571-85122654 邮编：310023 网址：www.xihubeer.com

景随心动，三坛印月。
西湖啤酒
地址：中国杭州市西溪路545号 电话：0086-571-85021919 传真：0086-571-85122654 邮编：310023 网址：www.xihubeer.com

资源

烟台啤酒

蜘蛛作为自然界的常见动物之一，是一种种类丰富的捕食性动物。当然蜘蛛也是一种很古老的昆虫，世界上迄今最古老的蜘蛛化石产生于 3 亿多年前的石炭纪中期，而最近中科院南京地质古生物研究所的研究甚至还发现，蜘蛛的古老祖先—— 1 亿年前的奇特远古蜘蛛竟然还长着尾巴。

蜘蛛的视力虽然差，但是它却拥有较大的感知范围，能够通过绒毛感知周围的动静，尤其是来自蛛网的动静。蜘蛛捕食猎物的最大倚仗就是自己提前织好的蛛网资源，因地制宜地布局好一切，然后又依靠自己强大的感知能力，在合适的时间找到合适的捕杀对象，一旦出手就几乎是百战百胜。

蜘蛛可以说是擅用手上资源的高手。那么企业呢？是否也能如蜘蛛一样，用自己手上的资源，织好一张网，然后等待收获？

早在20世纪30年代，烟台啤酒就以优异的品质和先进的行销模式名振上海和东南亚。进入90年代，又与世界十大啤酒集团之一的日本朝日啤酒株式会社和世界500强之一的日本伊藤忠商社合作，构筑起国际性技术经济平台。

然而时代在变化，商场也有风起云涌。到2009年的时候，烟台啤酒发展逐步式微，面临产品销量下降和品牌美誉度不高等问题，并且形势十分严峻。

穷则思变，变则通。经过一系列的研究和调查，烟台啤酒发现自己的品牌虽然具有很明显的地域性，但是缺乏显性的品牌核心价值，没有和本地的胶东人产生共鸣，导致胶东消费者对其认识但缺乏认同感。这也意味着，烟台啤酒的当务之急就是要先构建清晰的品牌印象体系。

之后，烟台啤酒又对自己所拥有的资源进行了仔细的梳理和评估，发现烟台啤酒是1920年由荣成人王益斋、李介臣等筹集5万元大洋创办，是胶东人自己创办的啤酒厂，也是当时中国历史第三的啤酒品牌。在烟啤90年的历史中，烟台五代人都曾经喝过烟台啤酒，烟台啤酒与胶东消费者相知相伴多年产生的感情是烟台啤酒最大的品牌资产！

烟台啤酒判定，这些历史情感资源，可以成为自己品牌复兴的依靠，并由此将烟台啤酒重新定位为“几代人喝的好啤酒”，一下子拉近了烟台啤酒与胶东消费者的情感与距离。

人靠衣装马靠鞍。品牌形象对于提升一个品牌的价值也很关键。因此，烟台啤酒在这一块上也下了大功夫，重塑了产品的品牌形象。公司通过对烟台地域历史的梳理，选用烟台曾是中国最早的通商口岸之一的历史资料，提取通商口岸上高耸的、饱经沧桑的灯塔作为烟啤品牌的视觉表达符号，以此深化了消费者对烟啤的品牌印象，重塑了烟台人对烟啤的品牌认同。

在对资源维度的把握上，烟台啤酒的成功之处在于，公司能够紧紧围绕着市场痛点问题（消费者与烟台啤酒品牌之间缺乏感情认同），去找相应的价值资源，即在烟啤悠久的发展历史中，烟台五代人都曾经喝过烟台啤酒，并借此攻击这个痛点。如此精准的打击之下，加上有公司积累多年的品牌文化与情感资源做铺垫，最终的结果肯定就是新品牌直击消费者灵魂深处，获得他们的认同。

从烟台啤酒的案例，我们可以体会到，一个企业如何挖掘自己有的而别人没有的资源，同时又能很好地物尽其用，的确是一门艺术。企业在产品的规划和设计上，要学会根据自身的情况量身定做。同时，也要如蜘蛛一样重视前期的铺垫和积累，从而抓住由量变到质变的机会。

烟台啤酒作为一个大市场中的一个区域性品牌，不仅没有被市场所淹没，反而走出一条自己的道路，也告诉我们一个道理——没有倒下的行业，只有倒下的企业。企业如果不想倒下，那就需要拥有尽可能多的竞争力，而懂得利用自己手中的资源毫无疑问也在其中。

YANTAI
烟台
冰爽一下
烟台大纯生
天生好酒
至尊享受
烟台大纯生啤酒

资源

南昌啤酒

小熊猫和我们的国宝大熊猫有着很多相似之处。比如，它们都有假姆指，同时它们也都爱吃竹子，并在中国都有分布。不过，虽然小熊猫和大熊猫拥有共同的祖先，但大熊猫属于熊科，而小熊猫却属于熊猫科。另外，和大熊猫不一样的是，小熊猫也不止以竹子作为食物。

小熊猫善于攀爬，往往能爬到高而细的树枝上休息或躲避敌害，所以平日一般栖居于大的树洞或石洞以及岩石缝中。它们占据了树洞和石洞的有利位置，自然也就拥有了相应的资源，因此除了竹子之外，它们更多的是就近取材，以昆虫、蛋、小鸟、啮齿类动物还有果实为生。

靠山吃山靠水吃水，这一自然规律对人同样适用。但也并非所有的企业都能像小熊猫一样善于就地取材养活自己。而这，也是一种需要磨练的

本事。

南昌啤酒是一款面向南昌市场的区域啤酒，在江西的市占率一度高达 90% 以上。但到 2004 年的时候，随着雪津、青啤等其他啤酒品牌纷纷进驻南昌市场，产品老化并且品牌价值不足的南昌啤酒在激烈的市场竞争中越来越感到力不从心。

在如战场的商场上，如果一个企业在困境中不能主动求变，那么等待它的可能就是被改变。

南昌啤酒也深谙这个道理。因此，为了维持自己原有的市场份额，南昌啤酒开始了自己的“起义”，打响基地市场保卫战。

当时，南昌啤酒对自己的产品体系和市场情况进行了调研，发现公司主要有两大问题。除了产品老化、品牌价值不足外，渠道渗透不足导致市场整体竞争力缺乏也是一大硬伤。

因此，南昌啤酒决定先打造一款让人耳目一新，能引起基地市场的南昌消费者情感共鸣的明星单品，以此来解决产品上的问题。

经过资源的梳理，南昌啤酒发现，只要提起南昌，消费者最容易联想的就是——南昌起义打响了武装反抗国民党反动派的第一枪的历史事件。而南昌啤酒作为南昌地区的区域啤酒，这是最能引发南昌消费者情感共鸣和区域自豪感的资源，对南昌消费者而言极具价值感。

因此，基于南昌啤酒所拥有的这一历史资源，公司全新打造了一款高端产品——第一枪；同时又统一了产品利益点，强调一个主题——深层石英岩活水酿造。可以说，“第一枪”不仅可以引发消费者的品牌联想和区域自豪感，同时还赋予了消费者购买南昌啤酒的理由，很好地重塑了南昌啤酒的品牌价值。

有了好的产品武器，打法也很重要。因此，南昌啤酒在确定了新的产品与定位后，又开始了对渠道壁垒的构建，这也是为了解决此前提到的第二个问题。

南昌啤酒在产品渠道策略上做了相应的调整。公司以高端产品构筑了餐饮渠道壁垒，以战术产品构筑了终端竞争壁垒，以大众产品构筑了渠道流通壁垒。在稳住基地市场后，公司又以进攻性的产品结构，借助产品力的提升，有效攻击外埠市场。

在优秀产品以及完善的打法策略的保驾护航之下，最终，南昌啤酒成功实现了自己订下的 2006 年的目标：完成 18.5 万吨的销量，并且获得不低于 2005 年的利润。而在 2006~2007 年之间，公司的利润更是逆市增长了 20%。

在资源维度的把握上，南昌啤酒主要是利用得天独厚的南昌地区历史资源来吸引消费者，激发他们的情感共鸣，通过产品内涵和体系的重塑，使其拥有更多的品牌价值。最后不仅赢得了消费者的心，也让自己取得了靓丽的业绩。可以说，是打了一场非常漂亮的市场保卫战。

从南昌啤酒的市场保卫战案例上，我们可以看到，企业在产品的规划和设计上，要学会因势利导，用自己的优势资源来拓展市场，从而保证自身的生存空间。当然，资源也有很多，而最好的资源有时候像小熊猫吃昆虫、小鸟一样，可能可以触手可及，但更多的，是需要企业去用心挖掘。

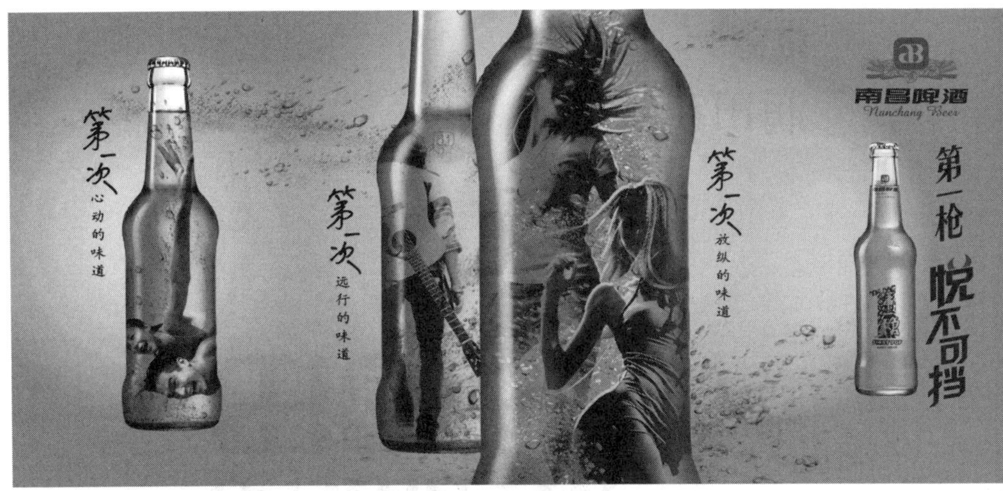
南昌啤酒
Nanchang Beer
第一次
心动的味道
第一次
远行的味道
第一次
放纵的味道
第一枪
悦不可挡

悦不可挡
玩转威尼斯
东西方水城的第一次约会
南昌啤酒
Nanchang Beer
天生活水酿好酒
FIRST POP

南昌啤酒
Nanchang Beer
8冰纯 悦不可挡
www.ncbeer.com

资源

润田矿泉水

海猪是一种深海棘皮动物，学名“管足”，是海参的近亲。吃过海参的人都知道，海参吃起来有一种它都快要化成水的感觉，而海猪也是如此，身体里全是水。因此，海猪也相当地脆弱，可能被人用手指头戳一下就死了。

可以说，对于自然界中的大多数动物来说，它们的竞争力皆依赖于其独特的身体条件，比如狮子体型庞大牙齿锋利，猎豹奔跑速度飞快。而海猪这么脆弱的生物，并没有可依靠的身体优势，按理说是很难在自然界生存的。

幸运的是，上帝还是给它打开了另一扇窗。

海洋孕育着数以百万计的海洋生物，更蕴藏着丰富的资源。若以水

层来划分，水深1000米以下算作深海海，而海猪便生活在深海1000米以下的深海海底泥表层。在这里，海猪以上层海水沉降下来的“海洋雪”或其他有机物质，甚至微生物等为食物。而除了它，也没有动物再是靠这种途径获取食物。因此，就是靠着对海底整个泥土资源的独占，海猪生存方才无虞。

现实生活中，很多企业其实也不乏这种独占资源。但有的企业能用好它，有的企业在何时以及如何利用的问题上也并不一直是那么明朗。

润田是江西地区的一个矿泉水品牌。众所周知，矿泉水这个行业因为准入门槛相对较低，因此市场竞争亦是异常的激烈，江西同样如此。

当时，江西市场上矿泉水品类繁多，商家为了拓展市场而大打价格战，不仅导致企业盈利困难，而且让消费者心中形成矿泉水价格仅1元左右的价值定位。润田作为江西区域矿泉水的一员，日子自然过得也很艰难。

这样的困境倒逼着润田去寻求改变。公司认为，恶性竞争限制了整个矿泉水市场的做大做强，使其只能在低端市场徘徊。而如果继续在这个低端市场纠缠，后果只能是越陷越深，直至被埋没。因此，为了能够摆脱这个桎梏，润田对自己的产品策略做了重新规划，决定推出具有更多品牌溢价的高端矿泉水，从而占领市场高地，摆脱低价恶性竞争市场。

当然，润田也不是随随便便、脑袋一拍就做出如此决定的。因为在梳理自身资源的过程中，公司发现润田水源地明月山是世界唯一的“高温低硫含硒”矿泉水水源地，资源价值巨大，是生产高端矿泉水的绝佳水资源。

因此在产品上，润田通过对该优势资源的开发利用，打造了全新的润田翠系列产品，作为高端矿泉水投入市场，其品牌定位为“简单极致，高端纯净”。同时，在产品形象设计上，公司亦找到了具有“自然”属性的独特想象源——翠鸟，并将其转化为品牌价值符号，融入润田翠系列全新包装，使该款产品在一众包装大同小异的矿泉水中脱颖而出。

作为一款水质独一、包装精美的高端矿泉水，润田翠系列的价位也从普通矿泉水的 1 元 / 瓶提升至 3 元 / 瓶，成功实现产品溢价，并最终让润田从低价恶性竞争的矿泉水争夺战中解脱出来，成为江西地区高端矿泉水的代表。

就资源维度来看，润田翠天然含硒矿泉水天然就具备了高价值的基因：世界罕见的天然优质水源地、稀缺均衡的矿物元素含量、深厚的自然和人文内涵等，这些都是润田翠天然含硒矿泉水胜过市面上其他矿泉水的重要法宝。而润田在看到低端矿泉水的竞争死局后，很快抓住机会，依

托自己的优势资源,转而改变战术进军高端市场,最终抢占市场先机。

从润田矿泉水突围低端市场的案例上,我们也可以看到,公司在面对困境时,需要对自己的资源优势作出正确的判断,并依此制定对策,也只有这样而来的对策才有可能是成功的,不然只是无的放矢。

竞争
莱克电器

LEXY
莱克
突 破 科 技　引 领 创 新

“天下武功，唯快不破”这在武术中是最强的制敌秘诀，而在动物界也是如此。枪鱼是一种举世闻名的鱼类，别名“马林鱼”，曾出现于海明威名著《老人与海》中。作为大海中速度最快的鱼，枪鱼的游行速度可以超过每小时 110 公里。枪鱼的天然身体优势是它们能够在大海中自由遨游的保证——又细又长的吻突能快速分开海水，不断摆动的尾鳍如强劲的推进器，再加上流线型身躯和发达的肌肉，枪鱼在水中游动阻力极小，速度自然也不俗，因此始终保持着海洋动物中游速最快的吉尼斯世界纪录。同时，也因为其自身卓越的速度和体魄，使得枪鱼的攻击力也名列海洋世界的前茅，其“长吻”不仅能够刺穿猎物，甚至还能够刺穿船体。

在海洋世界，失去了遮蔽物和光线，每种生物都需要有属于自己一技

之长才能生存，而枪鱼就是依靠着自身独特的速度优势才获得了生存和繁衍。这对于一个想在激烈的商战中生存并取胜的企业来说也是如此，竞争就是要抓住关键，以自己的核心优势去构筑最厉害的“武器”。

莱克原为“金莱克”，是一家拥有领先技术的出口小家电生产企业。然而，面对变化莫测的国际形势与市场情况，虽然莱克电器在海外的发展并不算慢，但是如果想要更加快速地推动企业发展，那么就势必要寻找新的增长点。在这种情况下，莱克电器根据其对于国内发展趋势的预判，开始将主要市场由国外转为国内。在 2009 年 4 月的时候，公司正式宣布进军国内市场，并制定了销售额突破 2 亿元和成为全球知名的生活电机类电器品牌的战略目标。

对于莱克电器来说，随着生活水平的提高和观念的更新，中国消费者也从应付生活转变为经营生活、享受生活。在“消费升级”的浪潮之下，整个中国市场发生了巨大的转变，因此其转向中国市场的战略转变是很正确的做法。另一方面，莱克电器也拥有多年服务欧美家庭需求的经验，技术遥遥领先国内同类企业，因此，如果能借助技术上的经验优势，作为开疆拓土的利器，亦有望为成功加码。

不过，在对行业生态进行深入研究后，公司又发现仅仅在技术层面领先仍是不够的，“好酒也怕巷子深”，自己若想在国内市场的竞争中获得最终的胜利，还需要构建一套能够支撑未来持续跨越式发展的品牌价值和营销传播体系。这是由于在当时的市场，企业间的竞争还只是粗放式的竞争，大多电器生产企业均不太重视品牌建设，同时市面上也鲜见高品牌价值的产品。

为此，莱克电器决定基于公司核心优势，先行打造莱克品牌的竞争优势，通过高品牌价值与竞品进行区隔。经过对现有资源状况的梳理，加上对品牌价值的研究，同时也基于为全球知名电机企业进行贴牌生产的经验，最终公司提炼出了“电机科技、全球领先”的高价值品牌定位，以及“科技·创新·卓越·领先”的品牌灵魂。而其品牌原则则被定义为“人性、专业及精致”，品牌语言为“尊贵、奢华及快乐”。

与此同时，莱克电器还全面检索产品结构，并进行竞品结构分析，在洞察竞争格局的基础上，明确自己核心产品的战略角色，通过清晰明确的竞争策略，构筑了品牌持续竞争力。

功夫不负有心人。由于在市场上率先建立了自己的独特品牌优势，同时依靠有效的竞争策略，最终莱克也迎来了一波新的增长高潮，旗下产品在国内市场销售形势大好，营收连年增长，至 2014 年公司年销售额已增至 6.7 亿元。

市场百变莫测，对于企业来说，发展机会可遇不可求，在认准市场后只有迅速行动，将自身原有的优势转化为生产力和竞争力，才能够在市场上呼风唤雨。在竞争维度的把握上，莱克电器作为出口国外的电器品牌，其本身就具有世界一流的电器生产和研发体系，公司以此作为构建竞争优势的基础，建立相应的品牌优势，最终让自己顺利在国内市场站稳脚步。这就如同枪鱼一般，只有将自己核心优势发挥到最大，才能在市场上占有一席之地！

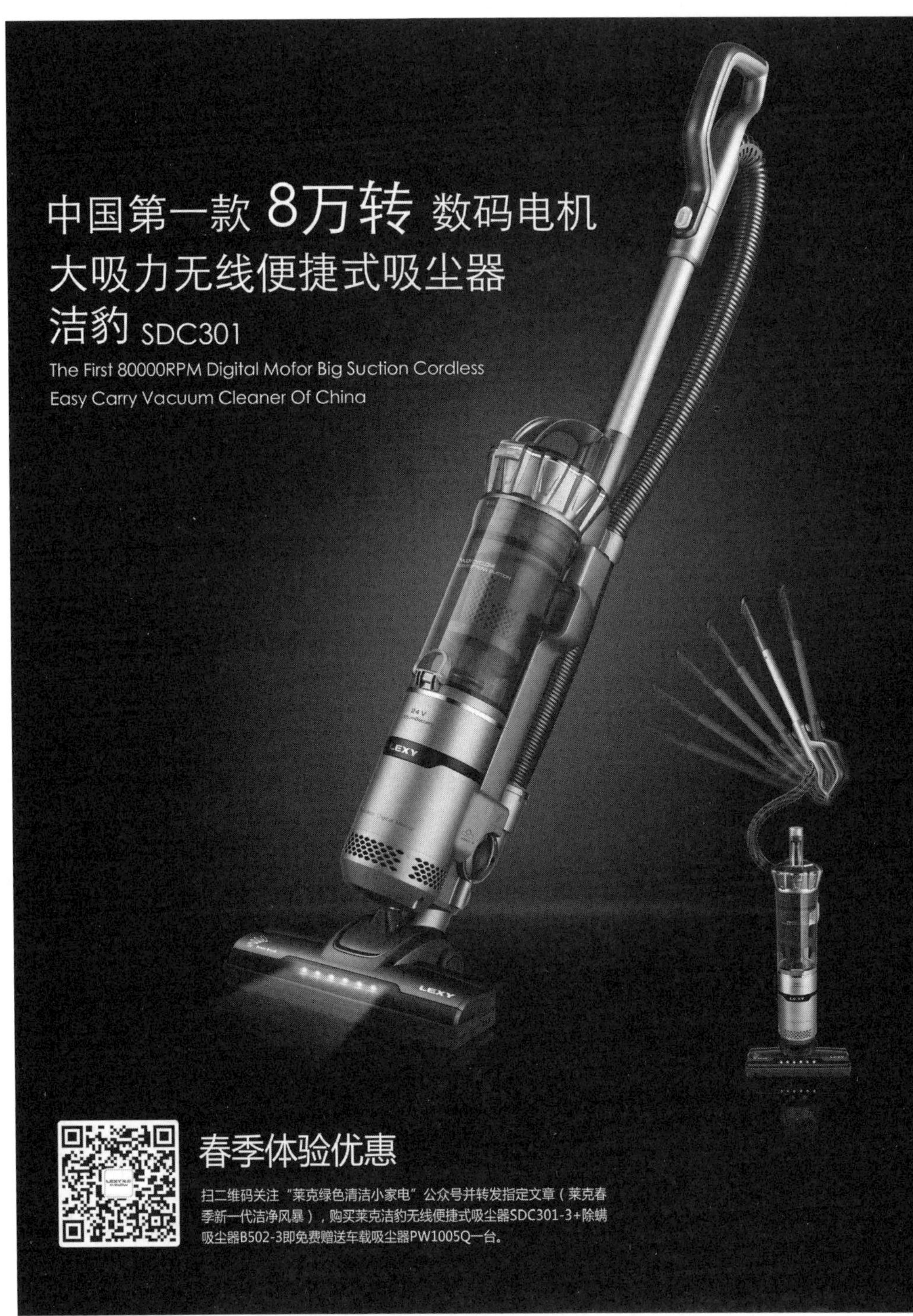
中国第一款 8万转 数码电机
大吸力无线便捷式吸尘器
洁豹 SDC301
The First 80000RPM Digital Mofor Big Suction Cordless
Easy Carry Vacuum Cleaner Of China
LEXY
24 V
春季体验优惠
扫二维码关注"莱克绿色清洁小家电"公众号并转发指定文章（莱克春
季新一代洁净风暴），购买莱克洁豹无线便捷式吸尘器SDC301-3+除螨
吸尘器B502-3即免费赠送车载吸尘器PW1005Q一台。

竞争

漓泉啤酒

动物世界中，有一种动物不畏强权，勇往直前，甚至敢和狮子争锋。它们进可捕食剧毒蟒蛇，退可与群蜂共舞，一般栖息于热带雨林和开阔草原地区，独居或成对生活，多在黄昏与夜间活动，白天则在地洞中休息。这种动物就是蜜獾。当然，它们被称为“蜜獾”的原因肯定不会是因为长相甜美惹人爱，而是因为它们特别喜欢掏蜜蜂窝，哪怕被蛰也不在乎。

不光是小小的蜜蜂，蜜獾的厉害之处还在于，它们能够和狮子这样的大型食肉动物“交锋”，而它们如此大胆倚仗的就是自己独特的身体构造——蜜獾的皮肤坚硬到可以承受数次刀击、射箭和矛击；另外，大型猫科动物的捕猎方式都是咬住猎物的喉部放血使其毙命，但这一招对蜜獾并没有用，蜜獾颈部的皮毛比其它部位的更厚实，同时它们还能做出很多

动物无法完成的动作，例如后颈被咬着还能回头咬一口。

正是因为拥有这么多的身体优势和特别技能，蜜獾才能适应广阔的非洲大陆的生活，甚至在面对大量竞争对手的压力下还能活得很好，成为当地无人敢招惹的“一霸”。

应该说，拥有像蜜獾一样的，能够挑战比自己看上去更强大的对手的竞争力也是每个企业梦寐以求的事。但又该如何去获得这种能力呢？

漓泉啤酒的案例或许能给大家一定的启发。

漓泉啤酒是一款地方啤酒品牌。在 2000 年以前，公司的日子应该说一直过得很滋润，在广西市场的竞争中一直游刃有余，也是当地的品牌啤酒霸主。但从 2000 年起，市场行情就开始有了变化。漓泉的日子也没那么好过了。

面对竞争对手越来越多、对终端资源的争夺越来越激烈、经销商利润率降低且积极性不高等一系列行业问题，漓泉啤酒势必需要找到问题的症结所在以寻求突破。而在对市场进行洞察后公司作出预判，未来的市场竞争归根结底将是终端之战，就是抢夺终端，终端为王。

因此，为了加强对终端的控制，公司在广西市场上率先引入了深度分销策略，采用“堵、压、占、抢、拼”打法全面出击（堵餐饮、压零售、占乡镇、抢夜场、拼消耗），以期能够迅速占领市场。

在具体执行中，漓泉啤酒发现当时广西啤酒市场上夜市经济繁华，夜市餐饮店是消费者进行啤酒消费的重要场所之一。因此，结合广西市场的竞争特点，公司对深度分销策略进行整合创新，将原有的仅只针对零售终端进行的深度分销，拓展到餐饮终端。与此同时，为了形成垄断优势，滴泉啤酒又首创啤酒行业锁店模式，率先在南宁 3 个餐饮市场进行试点，取得良好效果后，逐步全面向广西各渠道推广。

我们可以看到，在竞争维度的把握上，滴泉啤酒先是通过观察分析确定未来市场的竞争点将在渠道，即抓住了竞争最核心的部分。之后，公司围绕着这个问题焦点展开布局，通过导入深度分销体系、创新拓展餐饮终端、首创啤酒行业锁店模式等方式，全面构建了自己的渠道壁垒。

目前，滴泉在广西有百分之八十五的市场占有率，而这与公司的渠道先行占有策略有很大关系。通过在广西市场上率先引入深度分销，使得滴泉比其竞争对手先行三年。之后其他啤酒品牌若想占领终端，进入广西市场，必须要给出更高的价格，付出更高的竞争成本。另外，滴泉率先和经销商、终端商结成利益同盟，更是加剧了其他品牌进入广西市场的难度。

所以，从漓泉啤酒发展壮大的案例上，我们可以得出结论，企业要形成如蜜獾一般的强大竞争力，在市场中建立绝对的优势和统治，那么就要有足够的敏锐性，这种敏锐包括对竞争局势的敏锐，也包括对竞争根源的敏锐等。只有抓住了问题的关键，才有可能找到破局的方法。

竞争

海信

Hisense

创新就是生活

海信

蝙蝠作为唯一一种会飞的哺乳动物，与不乏飞行高手的鸟类相比，应该说并不具备生理结构上的天然优势。但奇特的是，它们还是通过建立差异化的自身优势，为自己寻得了不错的生存机会。

首先，蝙蝠拥有独特的飞行器官—翼手。在翼手的助力下，蝙蝠的足迹也成功地遍布了全球，除南北极及大洋中过于偏远的荒岛外，地球上的各种陆地生态环境都为它们所利用。

另外，蝙蝠还有高度进化的回声定位系统，可以帮助它们在夜间进行捕猎；而和其他利用超声波来捕食的蝙蝠不同，生活在澳大利亚、亚洲、非洲的热带和亚热带地区的狐蝠依靠的是极好的嗅觉和视觉，它们大大的眼睛在昏暗中也能看清楚。因此，即便竞争压顶生存不易，蝙蝠利

用差异化的身体条件优势还是获得了一个独特生态位——黑暗的天空。

差异化竞争的道理在企业品牌发展路线上同样适用。随着产品与品牌的趋于同质化，企业就需要做与其他产品区分的差异化标志。并且，对于一个品牌来说，唯有推陈出新，与其他品牌产生差异化的表现，才能够让消费者保持忠诚度，这是亘古不变的道理。

家电作为一个相对成熟的行业，随着市场竞争的日益激化，企业间的同质化竞争现象也越来越严重。面对这种情况，海信深感改变迫在眉睫，尤其是公司产品质量虽然在国内排名第一，但销量却不及其他区域品牌，因此亟需进行品牌升级。

那么，品牌升级又该从哪开始呢？要知道无的放矢的品牌升级只能是一场无用功。

在对市场竞争格局进行分析后，海信发现，“科技”主题在当时已经成为整个家电行业主打的传播方向。这也不是没有道理，毕竟科技含量的高低是决定家电产品优劣的关键。

因此，海信认为，公司此次品牌升级的核心仍然是“科技”，但需要制定全新的差异化传播策略。海信认为，单纯的科技会给人一种冷冰冰的感觉，但事实上，科技是为了人类的情感而存在。科技的存在，既是为了陪伴消费者，给消费者以舒适体验，同时也是与人们感同身受的情感共鸣体。并且，科技的背后都有一个个活生生的人，他们有快乐、也有悲伤与愤怒。

在这样的理念导向下，海信最终决定在科技中注入“爱”的情感基因，以“有爱，科技也动情”为主题发起传播运动。同时，将科技属性显性化，创

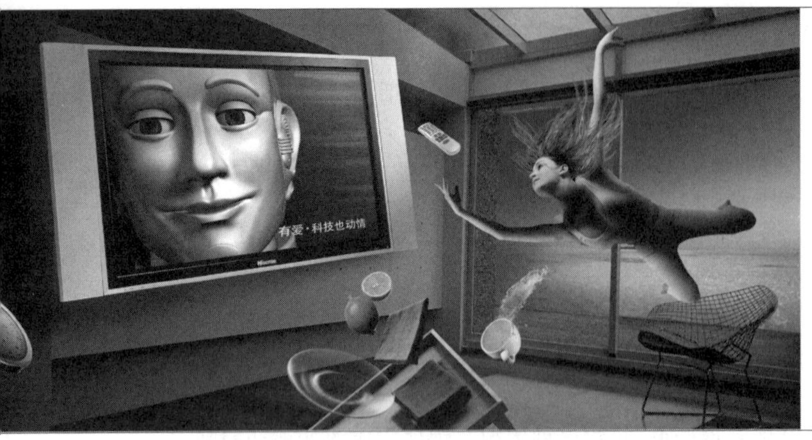

意一个“机器人”形象，并同妇女，儿童等人进行演绎，向消费者直接传达海信科技与人的联系，通过共情，迅速拉动品牌价值提升。

通过塑造全新的品牌形象，海信成功和消费者实现了深层次的沟通，通过爱的传递，彰显了科技的魅力。该案例同时也在社会上引起了广泛的关注，2004 年海信“有爱，科技也动情”被评选为中国 10 大广告运动。而在此后的 16 年间，公司亦由区域品牌成长为国内电视出货量第一、全球第三的国际品牌，年销售额自 106 亿元增长至 1000 亿元。

在竞争维度的把握上，海信作为国内一线家电品牌，在洞察当前市场主要形势的情况下，为冷冰冰的“科技”注入爱，用“暖科技”突破同质化竞争格局，最终成功塑造出全新的品牌形象，并与其他品牌形成了差异化的区分，如此自然而然也就转化成了巨大的产品竞争力。这与蝙蝠利用自己的差异化优势强势突围鸟类，获得一个独特生态位是通一个道理。

从海信的这个案例上，我们也能看到，对于一个企业来说，打动消费

者就是要打动他们的心，而质量(科技)可以说是一个始终重要的突破口，但同时也要注重“突破”艺术。将品牌赋予独特的情感，这种竞争策略能够深层次地调动消费者的感情，在市场上广泛传播之后，也就能够形成一种庞大的影响力。

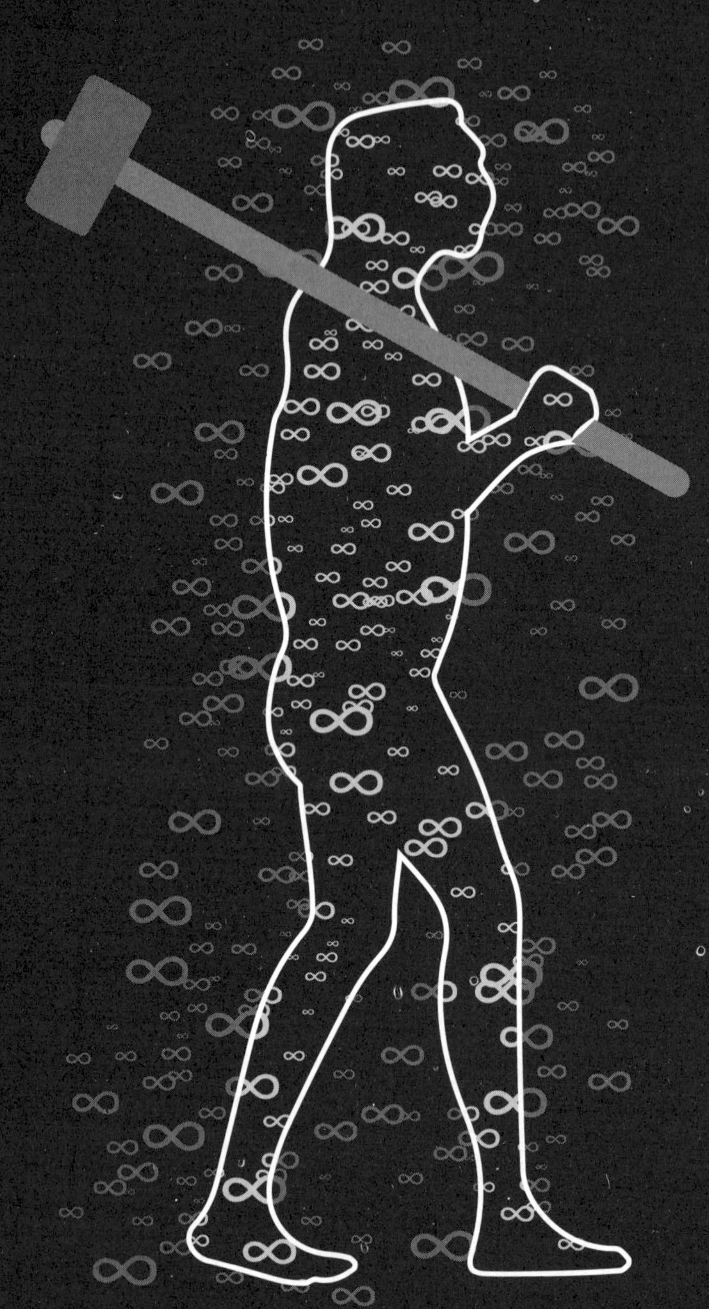

第六章

“成长期”品牌案例集锦

空间
泰山烟

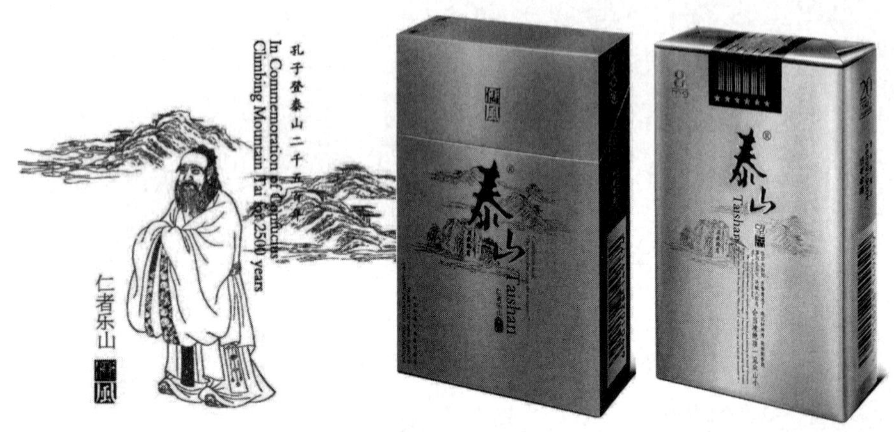

每年 6 月左右，坦桑尼亚大草原的青草被逐渐消耗，食物变得越来越少。为了食物，草原上的动物会长途跋涉 3000 多公里，从坦桑尼亚境内的塞伦盖蒂公园南部，迁徙至肯尼亚境内的马赛马拉野生动物保护区，上演地球上最壮观的动物大迁徙场面。数百万头的角马，数十万计的斑马、羚羊组成声势浩大的动物大军碾过茫茫大草原，场面壮观，声势浩大。而这浩浩荡荡的大军会等到坦桑尼亚大草原的青草再次茂密的季节再回到这里。

生存空间是一个不断变化的过程，每个存活下来的物种都有感知变化，寻找空间的能力。而”泰山“品牌的重新崛起也有着类似的精神。

“泰山”品牌隶属于山东中烟集团，始创于 1928 年，经国家级烟草

技术中心多年精心研制，并在全国首创“茶甜香”卷烟品类，其吸味醇正绵长、口感细腻舒适，充分体现泰山浑厚质朴、端庄清秀的神韵，是我国卷烟中的典范。然而，如此历史悠久，品质优良的产品，销量却着实令人尴尬。2008 年，泰山香烟的年销售量仅为 3 万箱。同时在当时全国烟草行业整合优化的大背景下，山东中烟集团感受到了巨大的生存压力，公司亟需对现有产品进行系统梳理和升级。

而在对现有品牌市场空间进行梳理的过程中，我们洞察到，烟草作为一种特殊品类商品，本身就承载了消费者的精神需求，而市场上的烟草品牌大多以风光为诉求，包括泰山系列产品也主要是依托泰山自然风光。这同一类型的产品长期占据市场主导，而消费者无疑也都已经产生审美疲劳。

所以，毫无疑问地，要激发消费者的购买欲望，就要寻找到有突破和创新的品牌诉求，找到新的市场空间。

在实地调研中，我们发现，山东省不仅仅有闻名天下的自然风光，还蕴含着深厚的文化底蕴，这里是孔子故乡、儒家文化的发源地。而此时，香烟市场上尚无诉求人文精神的香烟品牌，人文香烟品类市场呈空白状态。

这一发现可以说是为泰山的品牌价值重塑，找到了新的空间接入点：将孔子的儒家思想融入泰山品牌，全新打造代表山东地区的高端人文型卷烟。

最重要的问题解决了，那么接下来的事情也就水到渠成了。山东中

烟集团首先依托文化大省的资源优势，把儒家文化基因注入“泰山”品牌；其次，用内敛的产品设计风格，从烟标，滤嘴和香气上传递“君子泰而不骄”的人生哲学。借用两千年前的中国哲学——“儒风泰山”，通过烟支对精致生活做了一个准确的定义与阐释。这样的改变，更有利于吸引高端消费群体的关注。与此同时，赋予了文化魅力和人文关怀的产品在价格上也有了提升的空间，从过去的二十块钱一包，突破提升到八十元一包。新产品一经推出，迅速获得对精神品质有追求的高端人士的追捧，开创了高端人文型香烟新市场。

2011 年，“泰山”品牌销售 112.6 万箱，同比增长 252%，在全国卷烟重点品牌三类以上卷烟销量排名第 7 位，进入全国卷烟重点品牌行列，

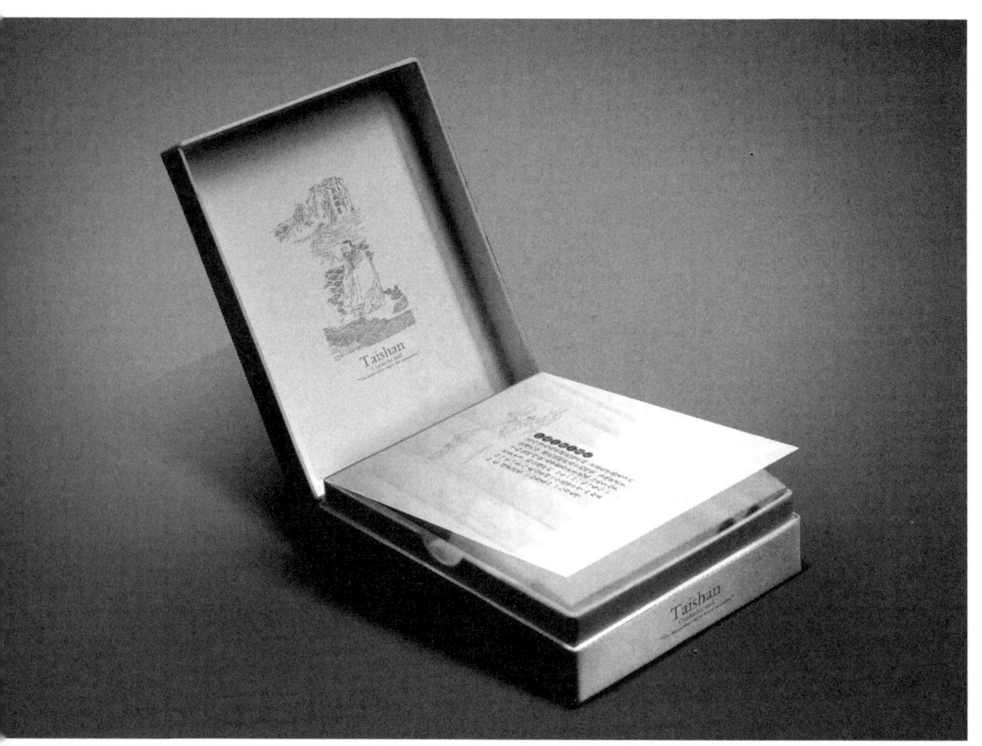

其产品深获国内消费者好评并远销海外。到了 2014 年，“泰山”品牌销量更是迅速增长到 210 万箱。短短 6 年时间，实现了销售量 92 倍增长，销售额 100 倍增长，成为高端烟草的传奇。

不得不说，“泰山”品牌的故事告诉我们，企业拥有寻找品牌空间的本领是多么的重要！“泰山”从空间维度展开产品的创新，通过对传统固有认知的突破，找到新的品牌认知领域，最后实现品牌价值的重塑，形成自己独特的市场竞争力。这难道不就像文章开头所说的非洲动物大迁徙，像那些草原动物一样，勇敢向新的空间转变吗？企业也唯有如此，才能在风云变化的经济大潮下，在激烈的竞争中利于不败之地。

空间
惠泉啤酒

在人们眼里，绵羊只是一种智力低下、人畜无害的温和动物，他们吃的是草，却能够为人们提供羊肉和羊毛。但实际上，绵羊拥有惊人的智商，其记忆和认知能力也非常突出。研究发现，绵羊可以辨认和记住至少50张不同的面孔，记忆时间可以超过2年。它们甚至还是地球上最具破坏力的动物之一。人类大规模饲养绵羊是造成森林破坏、气候变化、淡水匮乏的原因之一。除此之外，食草的绵羊竟然不一定只会吃草，它们还有食肉的可能性——

在苏格兰的Isle of Rum这座岛上，科学家们观察到许多海鸥幼鸟的脚都被吃掉了，而凶手正是当地的绵羊。科学家们认为，这是因为岛上的植物缺乏钙质，而绵羊们为了生存被迫演化为肉食动物。

当然，绵羊天性温和，所以他们“食肉”一般只是因为食物短缺。它们在生存空间不足的情况下，为了延续种族繁衍和生存，从而改变了食谱及自身在食物链中的位置，最终重获新的生长空间。而对于企业来说也是一样，当自身情况恶化的时候，就要积极发现新的方向和机会，寻求新的发展空间，重获新生。

2004 年的惠泉啤酒虽然还是福建市场占有率第一的啤酒品牌，但由于雪津等其他啤酒品牌的强势介入，其市场份额不断在下滑。市场环境的不断恶化，倒逼惠泉做出决定，于 2004 年年底开启一场对产品和品牌的升级工程，希望借此能为公司找到新的发展空间。

通过市场研究和消费者反映，公司发现惠泉啤酒的消费者体验感欠佳，喝完易觉上头。基于此，惠泉啤酒决定首先从产品上做转变，选用不易上头的头道麦汁为生产原料，推出惠泉啤酒新款产品——一麦。同时，喊出“头道麦汁不上头”的口号，以直观有效的方式将一麦与易上头啤酒进行市场区隔。当时，由于小瓶装啤酒已经成为大众消费新兴潮流，因此惠泉也为一麦产品选用了 330ml 小瓶包装。

在推广渠道上，惠泉啤酒更加别出心裁。考虑到当时福建作为沿海城市，开放程度高，年轻人出入夜场消费频繁，因此公司决定抛弃当时市场上惯用的“先餐饮，再零售”的新品推广路径，转而采用“先夜场—再餐饮—后零售”的新品推广路径，一举将同行都没有看到的、向往时尚个性生活的年轻消费者这一新兴庞大消费群体拿下。

消费者体验感更佳的产品、更符合消费潮流的包装、再配以成功的新品推广路径，这让惠泉小一麦在年轻消费者中掀起一股浪潮，也让公司获得了销量和利润上的双丰收。2004 年到 2009 年期间，得益于惠泉小一麦在市场上的成功，惠泉啤酒销量由 40 万吨增长至 53 万吨，年净利润更是由 1455 万元猛增至 7600 万元。

回顾惠泉小一麦的成功，我们可以看到，公司至少进行了两个层面的空间维度的改变，除了从易上头产品向不易上头产品转变外，还挖掘了夜场和时尚个性的年轻人这一新兴消费空间需求，最终成功地为自己赢得了更多的市场和生存空间。

空间

海狗丸

很多人大约会以为像胡兀鹫这样的大型猛禽，捕猎就一定很厉害。其实不然，不管在历史各个时期，生态圈中体型最大的往往是食草动物，而正是由于他们体型巨大，使得它们的敌人很少，竞争压力也较小，占据了食物链的顶端。而且，因为胡兀鹫的爪子和喙相对柔软，所以并不能很好地撕扯鲜肉，只能依赖从大型尸体上撕扯腐肉生存，这种特殊习性与非洲鬣狗很相似，所以胡兀鹫又被称为“鸟中鬣狗”。然而，上帝关上一道门的时候也会打开一扇窗。胡兀鹫虽然没有锋利坚硬的爪子和喙，但它却拥有其他动物没有的肠胃和食道“超能力”，能够取食腐尸上其他食腐动物不能消化的部分如骨头，这得益于其酸性极强的胃液，胡兀鹫胃酸腐蚀性赛过蓄电池，能够将骨头完全消化。所以，没有捕猎优势的胡兀鹫算是凭借自身的特殊优势，走出了一条不一样的“食腐道路”。

这和三生集团深挖其旗舰产品——海狗丸潜在价值，寻找其他合适目标群体，借此获得更大生存空间有着异曲同工之妙。

2014 年，面对直销行业不断加剧的竞争压力。三生集团也站在了历史发展的转折点，企业面临从机会生存，到专业化生存转变的挑战，发展更需要转型。这个时候，三生集团决定对旗下核心产品——御坊堂海狗丸开始进行产品价值升级，以期获得企业竞争力的提升。御坊堂海狗丸是一款以“暖肾壮阳”为主要功能的产品。

现代社会随着生活节奏的加快、工作压力的增加，越来越多的人开始呈现出一种亚健康状态，即出现疲劳慢累症状。而通过对中医病理的研究，三生集团发现导致慢累最根本的原因，其实就是肾虚。然而对于“肾虚”，大众对其的认知往往只是停留在两性色彩的肾虚上，而对于常规意义的“肾虚”所涉及到的多方面症状如“慢累”并不是很了解。

基于此，三生集团开始对“海狗丸”进行功能升级，着力于从“肾虚”到“慢累”的针对性转化，将消费人群聚焦到体量巨大的“慢性疲劳综合症”市场——其产品功能宣传也拓展到“慢性疲劳综合症”的诊治，提炼出“养生”价值。

因为“慢累”比“肾虚”更具针对性，同时也更容易让人理解和接受，加上“慢累”的市场群体比“肾虚”更为庞大，因此为海狗丸释放出更大的空间市场。

经过一系列的改造，海狗丸作为三生集团的顶梁柱产品，不仅拥有

了新的增长引擎，同时也助力三生顺利完成从宣扬直销梦想转为以产品导向的企业战略转型，全面构建三生长远发展的根基——四年内销量增长 4.4 亿元。

和我们此前所说的几个案例不同（中粮君顶酒庄的市场空间、“泰山”香烟的品牌空间），这一次，三生集团在空间维度的把握上，主要抓住了海狗丸的价值空间。海狗丸作为三生集团的王牌产品，本身就拥有一定的市场，而海狗丸对慢累人群的重新聚焦，更为具体，也更为有针对性，海狗丸锁定了现代社会中的普遍问题，在这种人人都关注的问题上做文章，自然也会大受欢迎，也就顺理成章地进一步拓展了其所能面向的市场和人群，从而销量大增。

选择战场有时候比选择对手更加重要，当所有的对手都在肾虚上面做文章的时候，三生集团跳出固有思维，选择拓展产品价值空间，最终自然也就能够成功实现企业的战略转型！

空间

金丝猴

海龟是一种神奇的大型海洋爬行动物，作为存在2亿多年的地球村长老，自然是阅历无数。从险象环生的陆地，到漂泊不定的海洋，除了极地，几乎世界各个大洋里都有它们的身影。就像海龟中的小棱皮龟那样，一生中将无数次地穿越大西洋，往返于非洲西海岸和南美洲东海岸之间，连续游泳超过1.6万公里。而它们这样辛苦“长途跋涉”，除了获得更多生存空间以繁衍生息外，另一方面也实现了躲避天敌和磨练种族的目的。

这种不断挖掘空间价值、通过空间转移来实现飞跃发展的生存方式，在金丝猴奶糖这样一家快消品公司身上也有很明显的痕迹。

所谓“树挪死，人挪活”。最初的金丝猴奶糖，只是一家崛起于豫皖交

界小乡镇的食品公司。经过十余年的艰苦创业，最后成长为一家拥有固定资产10亿元，员工5000多人的国家级企业集团。这个食品帝国横跨7省1市，拥有16家成员企业，产品囊括了糖果、巧克力、果奶、果冻、炼乳、饴糖、奶粉、方便面等众多系列，以及彩印包装业务。为了拥有更广阔的发展前景和战略视野，金丝猴奶糖集团公司于2004年从河南迁入上海，实现了从一个偏僻乡镇向国际化大城市上海的战略转移，也为后来公司被北美最大巧克力生产商好时公司收购，以及在触碰到山寨天花板之后的战略化转型奠定了良好基础。

这正如海龟为了繁衍生息，离开其原有栖息地，来到更远的海滩进行产卵一样，一方面有利于规避原有的竞争和天敌，另一方面也利于产生新的发展希望。

除了迁址外，在金丝猴奶糖集团漫长的发展历程中，企业还曾面临其他多个生死攸关的关键时刻，但最终都能安然度过难关。

2008年，“三聚氰胺”事件席卷奶制品行业的同时，也让很多奶糖销量跌入低谷。这个时候，金丝猴集团再次迅速反应，决定发展一款能填补公司原有产品销售淡季的利润补充型产品，以作为新的利润增长点。而豆干类就是公司选定的品种。

通过前期市场研究，公司发现豆干这个品类的市场现状其实也面临着较多的问题。首先，作为中国传统休闲食品，豆干产品的消费者一直以来多以老年人为主，消费空间的老年化特征明显。其次，豆干品类的市场竞争主要是价格战的竞争，缺乏全国性的强势品牌。

然而，机遇与挑战总是共存的。在发现问题后，公司就知道如果想打破这种市场现状，就需要通过战略重塑来增加和提升豆干产品的消费空间与质量。

那么，如何才能打破豆干本身原有的消费属性和市场定位呢？

最后，金丝猴决定先对豆干这一传统产品进行现代演绎，将原有的以老年人为主要消费群体的市场空间，转变成以年轻人为主要消费群体。为此，公司不仅重新塑造了更加年轻时尚化的包装，还提炼“劲道”定位增加产品价值感，与市场上其他产品有效区隔。

其次，为了在当时国内无强势品牌的豆干市场建立起自己的强有力的品牌，公司构造了活泼可爱的馋嘴猴 IP 形象，不仅迅速赢得了年轻消费群体青睐，也让金丝猴迅速确立了豆干产品的市场地位和优势。

从为寻求更好发展机遇而搬迁至大上海，到发展豆干作为新产品、并颠覆其传统市场形象进而扩大消费者群体，从金丝猴这个案例中，我们可以认识到，公司面对困境都能转危为安，这一切皆源于公司强大的市场空间敏锐感，也正是这种敏锐感让其能有折腾“挪窝”的魄力，以及持续不断进行产品优化升级的能力。

ABIOO
健能

每年一到春天，驯鹿都会进行长达数百公里的大迁移。离开它们赖以越冬的亚北极森林和草原，沿著几百年不变的既定路线往北进发。雌鹿打头，雄鹿紧随其后，浩浩荡荡、日夜兼程。这漫长的旅途中，驯鹿会遇到无数的艰难险阻，但它们总凭借自己的智慧化险为夷。这里，有他们“擅长跑”的天赋原因——幼鹿出世后两三天即可跟随母鹿赶路，一星期后就能和父母一样跑得飞快，时速可达48公里；但最重要的原因还是在于它们具体情况具体分析的策略——平时它们总是匀速前进，秩序井然，只有当狼群或猎人追来的时候，才会来一阵猛跑，展开一场生命的角逐。

这种生存策略，光明乳业可以说最为擅长。当初为了能够强化自己

的“健能”酸奶品牌，光明根据不同的市场需求，制定了针对不同年龄段目标客户的不同健能酸奶产品，最终大获全胜。

2007年，面对竞争对手的压力，光明着手在优势领域进行市场细分。

在低温酸奶领域，根据相应的市场研究，光明发现健能的购买者主要是家庭主妇。作为一款家庭妈妈为全家人购买的酸奶，其受众存在儿童、老人等的年龄差异和需求差异，不同的细分市场，也有着不同的诉求空间。

基于此，光明进行了健能产品的市场细分，针对儿童市场和老年人市场，在原有的健能酸奶基础上，分别推出儿童健能和光明健能50+两个细分子品牌产品。

随着消费升级理念的传播，以及人们对于生活品质的日渐重视，儿童健能和光明健能 50+ 两个子品牌的发展也逐渐获得了人们的认可。而健能产品的主要购买者——家庭主妇，在选购时也会根据不同家庭成员的需要，选购不同的产品，进而有效拉动了健能酸奶的销量。

正是这种细分市场的策略，光明健能成为了中国第一个有类别差异化的概念性品牌，也让健能演绎了一场酸奶奇迹，开创了中国功能酸奶的标杆。

八年来，光明健能的销售额从2006年的1.2亿元突破至2014年的7.8亿元。其中48%的消费者购买史在3年以上，75%的消费者每星期均会购买，消费者忠诚度极高，是光明旗下的王牌产品！

在空间维度的把握上，光明键能一直都具有改变自己改变世界的基因，不断通过细化市场，针对性的生产出适应市场需求的产品，不仅拓展了新的市场，同时也形成了一整套完整的乳业生态产业链，而这些产品之间又互有关联，互相促进共同构成“光明”这个共有的国际化的食品品牌，大家相辅相成，相得益彰。

虽然光明乳业整体上的发展会受到市场大环境影响，但是从光明健能的案例来看，大环境不一定就能战胜小企业。当然，健能的成功也绝非偶然。它的成功完全得益于光明把需求挖掘这项工作做到了极致，如同驯鹿一样，能够具体情况具体分析，将原本功能单一的一款产品，变成了多功能的产品组合，除了有效扩大消费者群体外，更是丰富了自己的产品线。最终实现了一个酸奶品牌后起之秀的逆袭。

光明
新鲜我的生活
儿童健能 Kids
倍护成长
健能金盾
倍护成长
全新
成长配方
25种果蔬
益生菌
牛奶钙质
叶黄素酯
DHA藻油
儿童 Kids
健能

资源
健力宝

每一年的秋天，鸿雁南飞就成为最鲜明的景象。自古以来，无数的文学作品都记录了这种现象，而鸿雁也渐渐成为了“寄托思念”以及“来自远方的问候”的重要意象。然而，当冬天慢慢过去，它们也会在春天回归北方，回到他们最初的生活地，生息繁衍，这是他们传承的自然规律，更是他们扩大种群的方式。

鸿雁南飞又北归回到原地，就如玄生万物九九归一。有时候，把简单的事情复杂化并不一定就是对的，而最简单最不起眼的可能才是最根本的。

诞生于 1984 年的健力宝，作为中国首款含碱性电解质的运动饮料，成为在美国洛杉矶举办的第 23 届奥运会中国代表团的首选饮料。

要知道，不管是在当年那个信息相对稀缺的年代还是现在，奥运会在中国人的心目当中始终是第一体育盛会。在那一届奥运会上，中国代表团不仅实现了奥运金牌“零的突破”，更是以金牌总数15位居第四，尤其是中国女排，在总决赛直落三局的劣势下击败东道主美国，实现了三连冠。奥运赛场上的大丰收极大地激发了国民的民族自豪感，而作为中国奥运代表团的首选饮料，健力宝也获得了不可想象的关注，一鸣惊人，被誉为“中国魔水”，迅速占领国内市场。

然而，在经历了可口可乐和百事可乐等进口饮料的入侵后，加上公司本身的一些问题，健力宝的经营最终陷入了前所未有的混乱，甚至在2004年，公司的资产负债率高达70%。而当2005年台湾统一集团入主健力宝时，这个曾经的饮料霸主早已失去了一二线市场优势，仅在三四线的农村市场有一定销量，且脱离了与运动饮料的联系。

为实现对品牌价值的重塑，健力宝对自己的品牌资源再次进行了梳理，之后发现，原来公司最具价值的品牌资源其实很简单，那就是“出身”。健力宝作为一款伴随中国奥运军团出征而一炮而红的运动饮料，可以说是系出名门，从诞生之初就很幸运，与中国奥运的辉煌联系在了一起，有着数代人的共同记忆，亦凝聚着消费者强大的情感共鸣。因此这些沉淀的品牌记忆可以说是公司最傲人的品牌资本。

基于此，公司为自己定下了“回归”这一发展战略，包括回归城市、回归年轻主流市场、回归现代渠道、回归运动饮料四个方向，也代表了公司将从市场、渠道、产品转型等方面进行改革及品牌的重塑。

在最核心的产品方面，公司推出了“1984 健力宝”新产品。该产品以1984 年健力宝经典配方为基础，经反复试验，加入天然蜂蜜。通过相似又更甜蜜的口味和直观且深入人心的数字命名，唤起消费者对健力宝美好的记忆。

同时，在传播策路上，公司再次借助当时 2008 年的北京奥运的契机，通过“盛事有我，国饮健力宝”传播主轴及健力宝大事记等相关联概念传播，引起消费者的经典回味及品牌联想，重塑健力宝经典品牌价值。

经此一役，健力宝这个品牌再次成功进入消费者的心中。

在资源维度的把握上，健力宝很明智的选择了最走心的方式，用最初的品牌记忆资源来唤醒以前的消费者，即便社会快速发展今天，人们怀旧

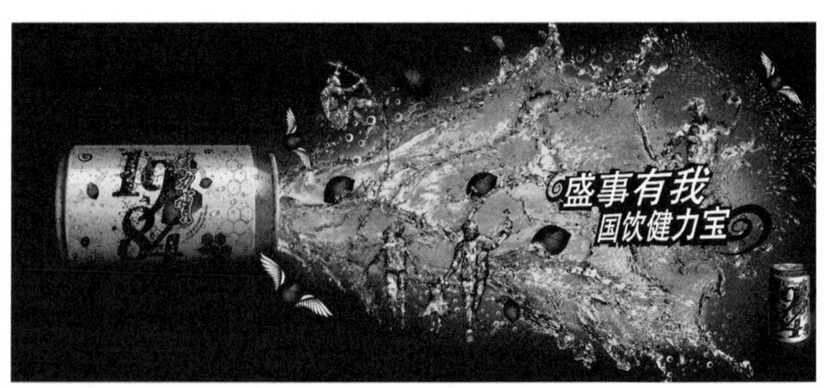

的情感需求依然存在。因为旧有的事物总能够给人以安全感和美好感，因为失去了才知道珍惜。简而言之，公司就是利用了这点情感诉求，同时借助以往集聚的品牌资源和效应，来重新回收市场和影响力。

从健力宝复兴的案例上，我们可以看到企业在产品的规划和设计上，虽然跟随市场的潮流是一种方式，但是实际上也要根据自身情况，具体情况具体分析。更重要的，是要根据消费者的诉求，找出自己所能利用的优势资源，不管这个资源是你曾经忽略的还是并不在意的。

资源

滴泉啤酒

作为鱼类中的射手，射水鱼以其能从口中射出水滴而闻名世界。而它们狩猎的对象就是那些生活在水外的活的小昆虫，在自然环境中，水面附近的树枝及草叶上的苍蝇、蚊虫、蜘蛛、蛾子等等小昆虫，都是射水鱼的捕捉对象。

众所周知，光线在水中会发生折射。射水鱼之所以能够捕食水面上的飞虫，原因就是射水鱼的一对水泡眼，其视网膜极为发达，眼白上有一条条不断转动的竖纹，在水面游动时，不仅能看到水面的东西，也能察觉空中的物体。并且，比起其他许多鱼类，射水鱼的眼睛更偏向前方，双目并用可以帮助它们准确地判断猎物的位置。在此之上，射水鱼才能够充分利用水作为其伪装的掩体和武器来捕猎昆虫。

滴泉啤酒是从广西走出的一款啤酒品牌。在 1999 年青岛啤酒来到广西市场前，它已在与鱼峰、万力等其他区域啤酒品牌的竞争中胜出，是广西的品牌啤酒霸主。

1999 年，青岛啤酒在全国布局的战略下，也来到了广西市场，并且租用了漓泉啤酒昔日对手万力啤酒的生产线，开始生产青岛啤酒。同时，以青岛啤酒公司的强大实力为后盾，在市场上投入了高中奖率的开盖有奖，在渠道上展开了大力度的促销。

这对于漓泉啤酒来说，竞争压力不是一般的大，毕竟公司此前面对的一直是当地啤酒企业的竞争，而现在要面对可是青岛啤酒这样的具有国际体量的啤酒巨人，无论是资源还是品牌公司都还有一定差距。

面对强大对手猛烈的进攻，漓泉开始寻找出路。在对自己和青岛企业现状进行梳理后，漓泉发现，在广西市场，自己其实有一项得天独厚而青岛啤酒并不具备的资源优势，那就是独占性的水源资源——漓江，桂林的山水资源是被漓泉独占的。漓泉啤酒根源于漓江——世界上最清净的河流，而水，是啤酒之魂。

“好水酿好酒”。因此，如果能够通过水质壁垒构筑价值壁垒，那么将是打击对手的一张绝佳王牌。

基于此，漓泉提出“全生态策略”，本着“全生态好水酿好酒”这一酿造理念，充分利用漓泉啤酒公司所处的桂林山水甲天下的生态环境，以及优质的水资源，全面改造现有的生产技术、工艺及流程，并导入现代化企业管理制度，保证每一瓶漓泉啤酒的品质和口味都与这种环境、水资源的生

态因素相吻合，很好地抢占了消费者关于广西区域高品质好啤酒的心智。

同时，在营销策略上，漓泉啤酒配合“全生态”战略，开展了一系列极具市场影响力与消费者高参与性的活动，巩固了漓泉品牌地位、知名度和影响力。

由于全生态战略的成功推出，面对对手强有力的促销，漓泉销量不但没有下降，反而取得了一定的自然增长。

正如我们之前一直强调的那样，要挖掘企业竞争力可以是找到自己最具独占性的价值资源。而什么是价值资源呢？对资源价值的判定，始终要站在消费者，即产品的真正受众角度来判断。比如，可以从消费者的情感出发来挖掘价值资源，毕竟人都是情感动物。之前我们提到的几个案例都属于此类，包括烟台啤酒通过“烟台五代人都曾经喝过烟台啤酒”这个

点来拉近与胶东消费者的情感与距离；南昌啤酒以南昌起义来激发当地消费者的情感共鸣和区域自豪感；健力宝以自己与中国奥运的历史联系来唤醒数代人的共同记忆……

而品质与质量也是消费者关注的永恒话题。因此，当漓泉以漓江水作为自己的独占性价值资源，以“好水酿好酒”这个点来抓住消费者的心必然也能成功。

从漓泉啤酒成功突围的案例上，我们能看到，对于一个企业来说，区域性资源往往能够对品牌和消费者产生极大的影响，因此要学会像射水鱼将水用作攻击猎物的武器一样，善于利用自己伸手可及的资源，将其转化为自己的竞争力。

竞争
碧生源

在人类世界，女人总比男人更美一点。但是在动物世界，却恰恰相反——雄性会比雌性更美。这是因为在动物界雌性根本没必要美，雌性的生殖资源太过珍贵，即使不美，众多雄性也要争先恐后让自己变得美起来而获得交配权。

孔雀就是雄性更美的代表，每年 3~4 月是孔雀的繁殖时节，而这个时候也是雄孔雀开屏最繁盛的时候。孔雀开屏是一种竞争性求偶行为，对于雄性孔雀来说，他们凭借自身美丽的尾巴，吸引雌性孔雀，而且越是美丽的尾巴，越容易得到雌孔雀的青睐。

因此，外在的美丽是雄孔雀天生的优势，并且这份美丽在视觉上的冲击力越大，所具有的竞争力也就越大。很多时候，这个理论也适用于企业，

一款具有视觉吸引力和较高辨识度的产品可能会给你带来意想不到的成功。好比碧生源，公司曾经便通过提高产品格调而顺利实现品牌溢价。

2012 年是碧生源上市后的第二年，但公司的业绩却连续亏损，而股价也跌跌不休，让人大跌眼镜。面对如此窘境，公司也仔细分析了可能存在的问题。

而浮在在最表面的问题便是，公司财务数据显示，其广告和营销成本高达 5.63 亿元，甚至高于营业收入的 4.75 亿元，这显然是不正常的。经过深入分析，碧生源认为，公司在传统广告渠道投入多年后，产品的品牌建设其实已相当成熟，在消费者心中也有一定地位。也就是说，公司现在已经完全没有必要在营销上继续如此大手笔地投入。于是，碧生源削减了半数的企业营销费用，以降低企业运营成本。

但如果要提升企业产品的市场竞争力，关键还是要去提高消费者购买力，和降低营销费用并没有直接关系。

那么，提高消费者购买力的关键又会在哪里呢……

最终，碧生源发现，公司在品牌定位上还是不够清晰，产品本身的视觉传达不够"动人"，不足以打动消费者，也就无法吸引消费者去购买。因此，碧生源产品需要强化视觉传达力度，提升产品辨识度，以此抢占消费者心智。如果能让消费者一眼就爱上产品，那么自然也能很好地"说服"消费者去消费了。

为了更好地在视觉上打动消费者，实现品牌价值的提升，碧生源找到了最契合其品牌基因的价值容器——东方茶术，将自己的产品定位于中国第一功能茶品牌，希望借此给消费者展现更专业的一种印象。东方茶术的背后是碧生源独创的东方智慧，其中包含了中医、美学、哲学三方面内容。同时，碧生源又进行了新的品牌包装设计，将东方茶术的品牌内涵融入包装设计中，提高产品格调，强化视觉表达。

事实证明，当碧生源重塑其产品视觉体系，以极具视觉吸引力和辨识度的全新形象进入市场后，的确对吸引消费者注意力起了很大的作用。

然而，故事并没有到此结束。在深入市场，对消费者行为进行调查后，碧生源又发现，消费者对市场上的通畅类药品的购买，多是通过药店销售人员的指导推荐。因此，与广告相比，终端渠道对销量也有很深的影响，其应该给予渠道更多的利润空间，这样也有助于提升碧生源产品的销量。

通过重塑品牌定位提高溢价，加上营销费用的削减以及强化终端营销，碧生源也获得了巨大的成功。其毛利率从之前的 82.5% 上升到了 90.6%。同时，此后 3 年里，公司年营销费用虽然由 5.63 亿元锐减至 4.3 亿元，但年销售额却由 4.75 亿元增至 6.6 亿元。并且在此利好消息的刺激下，公司股价由 2013 年的 0.135 元 / 股涨至 2015 年 1.588 元 / 股。

我们可以看到，在碧生源这个案例中，公司主要是通过三个角度的改革，全面提高了自己产品的竞争力。而强化产品视觉表达，提升产品辨识这条路子在抢占消费者心智上应该说是发挥了最直接的效果。因此，对于如何在竞争中找到提升自己竞争力的关键所在，碧生源应该是成功的。当然，这一次的突破点是产品的视觉形象，但下一次可能就会变成其他。最

重要的，企业在面对竞争的时候，一定要做好方方面面的研究，知己知彼方能百战百胜。

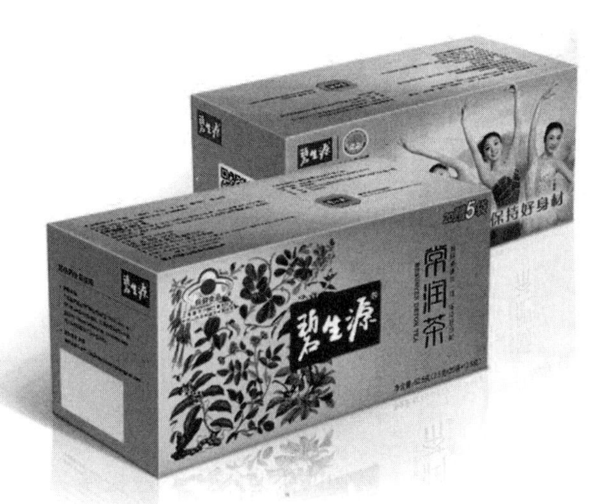

竞争

德意电器

在科技迅速发展的今天，借着各种工具和资源的协助，人类适应极端恶劣环境的能力被大大提高。不过，在极端寒冷的天气条件下，人类还是比不上一种神奇的动物——木蛙。虽然在北美随处可见，但木蛙却是生活在北极地区的惟一一种两栖动物。

木蛙适应极寒天气的最大本领就是——自我冰冻。在气温降到摄氏零度以下后的 10 分钟内，木蛙的皮肤下面就开始结冰，心脏和大脑也会相继停止运作。这时，木蛙看上去就像一块有颜色的冰坨。而当气温回升，木蛙就会逐渐解冻。只需要几个小时，它就能恢复心脏和大脑的功能，身体其他部分的功能也能毫发无损。正是因为有着这种特性，木蛙才能够成为唯一在北极地区生存的两栖动物。

所以，独特性也是一种竞争力。当一个企业的独特性能够像木蛙的自我冰冻能力一样达到极致的时候，那么它在这个竞争市场可能也就是所向披靡了。

说到独特性，德意品牌也是当仁不让。

作为一家以抽油烟机为主要产品的现代化家电企业，德意品牌诞生于 1992 年，其最初的成功是在 1998 年推出了国内第一台嵌入式燃气灶具，该款产品以透彻的质感、深邃的曜石黑色，不仅迅速俘获了广大消费者的心，也彻底改变了原本枯燥乏味的厨房环境。

2002 年，德意又创造了中国首款近吸式油烟机，被业界称为中国近吸式油烟机的创导者，彻底改变了国人的厨房格局与烹饪方式。

经过 19 年的发展，整个德意集团的销售规模达到了 25 亿元，旗下拥有 55 家销售公司，下设由 6000 余家销售终端组成的庞大营销网络，公司产品畅销国内，并出口至美洲、欧洲、中东及东南亚等几十个国家和地区。

虽然产品做的很不错，在业内也是赫赫有名，无人不知无人不晓。但一旦跨出业界，公司品牌知名度在消费市场却显得弱了很多，不利于提高消费者购买力。因此，为了能够更好地与时代接轨，更为了为以后的可持续发展获得源源不断的动力，德意电器在 2011 年决定开启品牌提升计划，打造中国厨卫电器领先品牌。

基于对市场的洞察，德意电器发现影响消费者购买的因素在很大程度上是产品设计。于是，德意电器确立了“设计开启未来”的品牌战略，明确“设计创新是德意电器达成品牌目标的战略驱动”。

其实，产品设计正是德意电器的看家本领。从 1998 年推出国内第一台嵌入式燃气灶具到 2002 年又创造了中国首款近吸式油烟机，德意电器在产品设计上始终处于业界领先地位，公司也是通过创新性的设计来作为区隔其他品牌产品的技术壁垒和专业壁垒。

品牌战略的核心确定后，剩下的主要就是营销推广工作。当时，公司是首次启用明星代言，并选择了对代言产品要求严苛且个人形象刚毅、俊朗的国际巨星吴彦祖，目的是凸显出德意专业、高端、非凡的品牌调性。同时，又突破家电行业传统的营销模式，将营销视线放宽至炙手可热、受众宽广的网络世界，针对吴彦祖代言德意事件，进行“话题 + 事件”的营销方式，深度塑造品牌内涵，强化消费者对德意的高端、非凡的品牌印象，促使德意品牌形象实现华丽飞跃。

品牌提升后的德意电器不仅连续多年被评为“AAA”级信用单位，更先后荣获“中国名牌产品”、“中国最具文化价值品牌”之一、“IF 中国设计大奖”、“中国节能认证产品”等多项国家级和省级荣誉。

在德意电器这个案例中，我们可以看到，在竞争维度的把握上，德意一直以来都非常注重以独特性来提高自己的竞争力。公司通过产品设计的独特性，将自身与竞争对手进行了区隔。而当公司发现这与消费者的认识不谋而合后，便以此作为品牌重塑的资本，一方面为自己的后续发展注入源源不断的发展动力，为自己打开更大的市场，另一方面也为竞争对手的发展设置了更高的壁垒，确保了德意电器产品的极具竞争力。

从这个案例上，我们也能学到一点，企业要得到持续的发展，那么就

需要构建持续的竞争力，而拥有自己最独特的优势（独特性）毫无疑问是最不容易被超越的。经过时间的洗礼和不断地打磨后，当这种独特性强大到一定程度，那么企业也定能像木蛙一样，成为某一市场的遥遥领先者。

竞争
三生

yofoto三生

自 然 生 活 力

作为典型的团体性动物，蜜蜂有着十分明显的社会性。而蜜蜂的这种社会化的群居生活，是在长期的进化发展中形成的。因为蜂王、工蜂和雄蜂都有自己的任务和职责，明确的分工使得蜂巢内的秩序保持稳定。

首先，蜂王是蜂群这个小社会的领导者，总管蜂巢内的一切事务，规划整个群体的前进方向。而在群体内部，蜂群也有着明确的分工和职责。其中，雌性个体较大，专营产卵生殖；雄性较雌性小，专司交配，交配后即死亡；工蜂个体较小，是生殖器发育不全的雌蜂，专司筑巢、采集食料、哺育幼虫、清理巢室和调节巢湿等。

和蜂群一样，企业的发展和运营也需要一定的组织性和秩序性。只有像蜜蜂一样拥有明确的分工和职责，企业内部的行动效率才能够得到

提升，竞争能力也会得到加强。

三生集团的故事就是一个很好的证明。

在现代社会，有商品就会有竞争。尽管是直销行业的领导者，三生集团也会遇到各种挑战和竞争。为了积极应对这些挑战，让企业能够快速持久地发展，在三生十周年会议上，三生集团提出了“实现全球健康产业的中国样本”的愿景。

三生作为一家直销企业，其运作的核心就是企业战略组织体系。然而，随着公司的不断发展壮大，其内部组织结构变得越大越臃肿，人员也越来越冗杂，导致公司管理成本增加。面对这样的现状，公司决定从专业化生存的角度，对企业战略组织体系做进一步的提升，使其变得更为高效。

三生一方面基于企业特质，从组织建设、方法导入、机制构建、文化落地四个方面，构造“高效执行力”系统，提升自己的专业能力。另一方面，基于对当今社会发展趋势的洞察，提出要逐步实现全面的企业互联网化。利用技术工具改造企业内部的流程，提升运营效率，同时重新构建跟消费者之间的关系，提高“用户化”程度。

基于上述战略组织体系的构建，三生最终实现从公司落实到部门，从整体落实到个人，从纸面落实到行动，通过指挥、监督、考核、持续优化，让企业战略变成了每一个岗位的具体行动，有效提高了企业的运营效率和市场竞争实力。2012 年，三生集团实现销售收入 21 亿元，而到 2014 年，这个数字便增长至 26 亿元。

与此同时，经过这些方面的改造，三生集团也实现了五大战略的转型，包括企业从直销企业到公众企业的转变、品牌从中老年到年轻化的转变、业务从事业导向到产品导向的转变、发展从快速增长到持续发展的转变、市场从区域市场到国际市场的转变。

从某种意义上来讲，组织结构就是一个企业的排兵布阵，好的组织结构也是实现企业基业长青，稳步向前发展的必要环节。三生集团作为领先的直销品牌，本身就有生产、研发及销售等各个方面的优势，因此如果再辅以正确的组织架构和内部人员结构，公司的竞争力自然能得到全方位的提升。在现实中，很多企业管理者往往容易忽视组织结构变革的重要性，造成企业发展出现诸多问题，因此需要时刻警惕此类错误的发生。

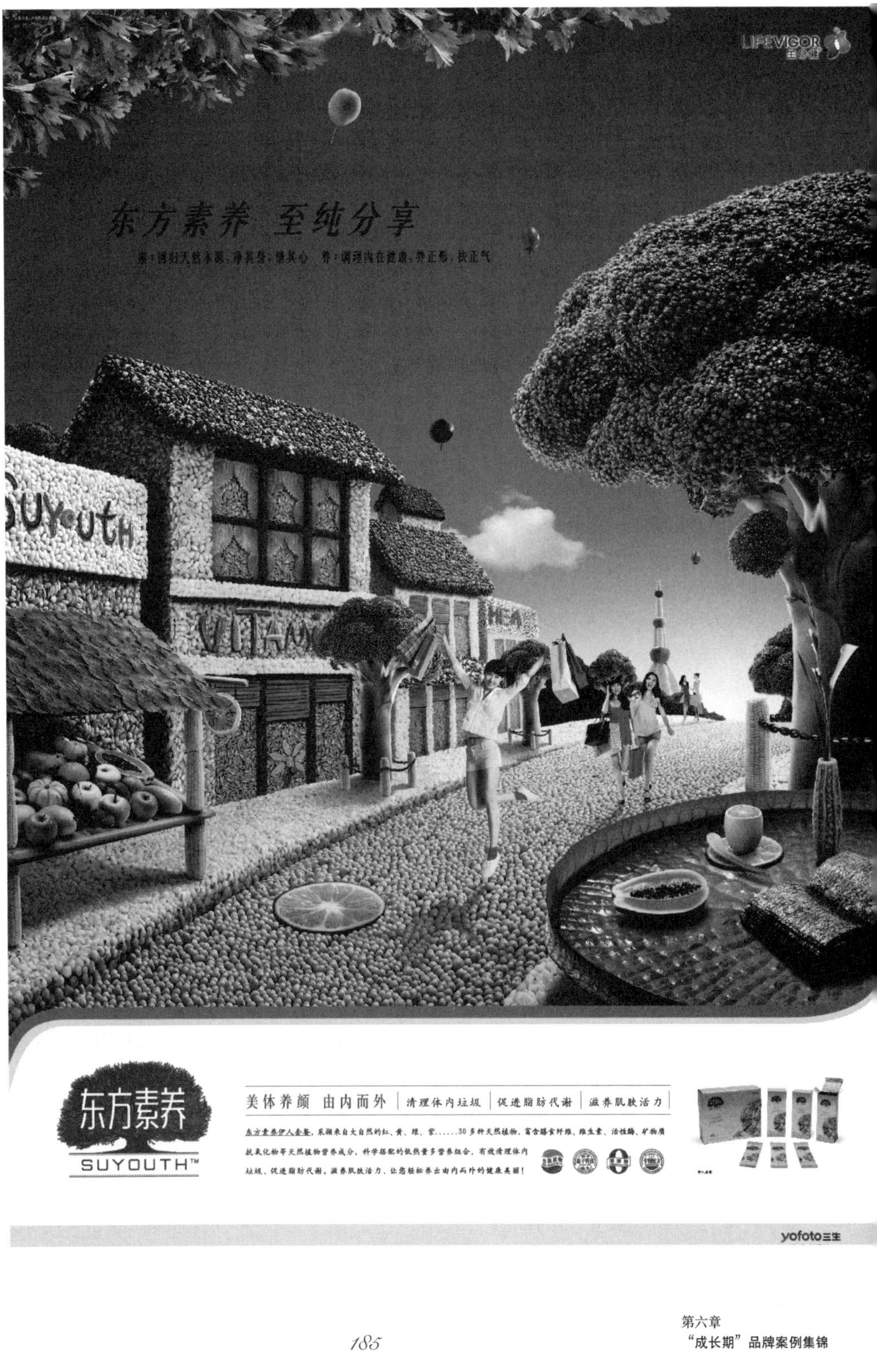

LIFEVIGOR 生命健

东方素养 至纯分享

素：回归天然本源，净其身，静其心　养：调理内在健康，养正形，扶正气

SUYOUTH

VITAM

美体养颜 由内而外 | 清理体内垃圾 | 促进脂肪代谢 | 滋养肌肤活力

东方素养伊人套餐，采撷来自大自然的红、黄、绿、紫……30多种天然植物，富含膳食纤维、维生素、活性酶、矿物质抗氧化物等天然植物营养成分，科学搭配的低热量多营养组合，有效清理体内垃圾、促进脂肪代谢，滋养肌肤活力，让您轻松养出由内而外的健康美丽！

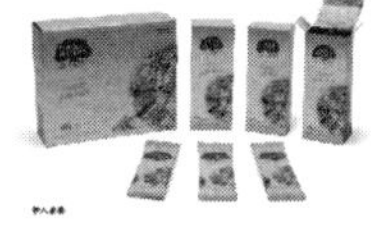

yofoto三生

竞争

安酒

大海中有一种鲸鱼中的音乐家——座头鲸，每年约有 6 个月的时间里，它们整天都在唱歌。但它们并不是乱唱，它们本身至少能够发出 7 个八度音阶的音，而且还能够按照一定的节拍、音阶长度和音乐短语来歌唱。

座头鲸虽然不是最大的鲸鱼，但依然是海中的巨兽之一。由于身形巨大消耗也巨大，因此座头鲸也是自然界中的吃货。为了保证冬季越冬不进食也能平安度过，它们会在夏季里吃大量的食物，一旦开吃通常会连续进食 18 个小时。座头鲸的主要食物是鳞虾、鳞鱼、毛鳞鱼、玉筋鱼和其他小型鱼类等。

和一般鱼类的捕食方式不一样的是：座头鲸在捕食时，会先用水泡

编织的网困住鱼虾，当它们的猎物因泡沫而提高警觉聚到一起的时候，座头鲸就朝向中央摇摆前进，嘴巴张大，一口气把它们全吞下。

正是这种打破常规的捕食智慧和策略，才能够让座头鲸将足迹遍及世界各大洋。

对于企业来说，如果在常规竞争中无法击败对手，那么也需要跳出常规，创造自己的优势逻辑，用自己的独特方式战胜对手。安酒就是其中一个突出的案例。

一直以来，安酒就是一款地方性的白酒品牌，在国内整个庞大的白酒市场中的知名度并不突出。但贵州安酒集团并不甘于平凡。为此，公司在 2010 年的时候给自己定了一个未来五年的战略发展规划——在“量的目标”上，要求年销售额达到 10 亿；在“质的目标”上，要让安酒成为全国一线中高端品牌，进入白酒行业前 20 名；在“人的目标”上，要建立完善的人才结构体系，不断推进优秀人才储备建设；而在“产的目标”上，则是要打造一个酱香生产基地。

不过，理想虽丰满，现实却是很骨干。因为无论怎么看，安酒与其他白酒品牌相比都不占优势，因此想要实现这个未来五年计划并不容易。从历史上看，安酒只有 70 年的历史，与五粮液、茅台等大牌白酒相比，属于小字辈；从产地上看，与国家原产地保护区域也有一定距离，不属于名酒辈出的宜宾、泸州及茅台，不占据地域优势；从工艺上看，安酒的酿制工艺学自泸州，并不具备差异性；从酿酒的原材料——粮食上看，安酒采用的是贵州红糯高粱，同样缺乏独占性。而从水源、酒曲等其他方面来看，安酒同样没有可以作为宣传点的特点。

也就是说，在传统白酒品类的竞争维度上，安酒的价值曲线与竞争对手重合度高、差异性不大，不具备竞争优势。

那么，安酒的独特竞争优势又在哪里?

为了寻找突破点，安酒系统地梳理了企业资源，并且在整理中发现：

安酒其实是一个有技术、有品质的品牌。安酒的技术优势体现在其旗下有金慧元、吕珊、王云霞为代表的三代大师级的白酒专家，他们也是国家级的酿酒大师。同时，安酒喝了“不口渴、不伤身”的品质也是安酒的一个特色。只是，由于沉寂太久，且消费者有负面印象，显得公司品牌资产薄弱。

基于此，安酒决定将国家级酿酒大师作为价值点，并据此提炼出“黔酒经典、大师品质”的全新品牌定位，十分鲜明地将自己与其他品牌区别开来，也给消费者留下了深刻的印象。

同时，在产品结构上，安酒也进行了系统的梳理和升级——将母酒(浓香)作为主力产品，以年份酒反衬母酒价格优势，拉动销售；母酒(酱香)定位为中低端品牌，以盘活企业原有资源为主；多彩贵州则被打造成高端副品牌，依托政府背书，快速切入市场。

清晰明朗又有独特性的全新品牌形象，加上各有定位的三款不同产品，形成了安酒多维度立体的宣传组合拳，公司最终通过这种另辟蹊径的方式和策略，成功降低了与其他白酒的竞争难度，确立了自己的竞争优势。

从安酒的案例上，我们可以看到，企业在面对自身品牌和产品的困境时，往往需要跳出传统思维的框架寻找新的打法，就像座头鲸一样，用点不一样的策略，总能收获良好的效果！

竞争

苏泊尔

古代有一个成语叫“蚍蜉撼树”，指蚂蚁想要摇动大树，比喻自不量力。事实上，蚂蚁虽然十分渺小，但个个拥有着神力，可以举起比自身重量重一百倍的东西。并且蚂蚁也非常团结，而正是这种团结让整个蚁群的运行变得井然有序，也让蚁群拥有了更强的战斗力。

蚁群分为蚁后、雌蚁、雄蚁、工蚁和兵蚁，成员之间有明显的分工。工蚁的职能是筑巢、觅食、喂养幼蚁等。兵蚁专司蚁穴的保卫。蚁后是有生殖能力的雌性，又名母蚁，在群体中体型最大，主要职能是产卵、繁殖后代。雌蚁是交尾后有生殖能力的雌性，交尾后脱翅成为新的蚁后。雄蚁又称父蚁，有发达的生殖器官和外生殖器，主要职能是与蚁后交配，完成交配后不久即死亡。

和蚁群一样，一个企业的发展同样需要清晰的、“各司其职”的产品架构和发展策略，但产品结构混乱可以说是很多公司的通病。

苏泊尔创立于 1994 年，其成功始于研发了新一代安全压力锅，成为中国压力锅行业的风向标。之后，公司又全面进入厨房小家电市场，发展了明火炊具、厨房小家电、厨卫电器三大事业领域，形成了丰富的产品线。

因此，公司自然而然地准备向下一阶段进军——塑造国际化的大品牌。

不过，这并非易事。首先，长期以来，苏泊尔已在消费者心智中形成了一个中低端的形象。其次，公司产品繁多、分类规划不清，直接造成从研发生产到销售、陈列和广告宣传都缺乏清晰的策略条理，导致品牌形象模糊不清、经营成本浪费。

因此，公司若想要突围，就必须对现有产品进行系列整合，全力打造一个多元化、专业化的厨房炊具品牌，使其更贴近市场需求，同时也利于提高营销效果，实现扩大空间规模和提升品牌价值。

于是，苏泊尔在对现有产品进行重新命名的基础上，从产品品质和市场需求出发，对产品进行了整合分类，形成以新贵系列为代表的明日之星（高端国际产品）、以世纪风系列和炒不怕系列为主的金牛产品（国内中高端产品）、以好帮手为主的老牛产品（大众化低档产品）三大类，以分别针对国际高端市场、国内大中城市市场和中小城市及乡镇市场。

有了更清晰和更有条理的产品结构的苏泊尔，在市场竞争中也愈发地游刃有余。经过多年的发展，公司成长为中国最大、全球第二的炊具研发制造商，中国厨房小家电领先品牌，同时还是中国炊具行业首家上市公司。

在竞争维度的把握上，苏泊尔原本在技术和产品上就有着较大的竞争优势，随后公司又通过理顺内部产品和品牌体系，实现了已有优势的放大。优秀的产品，加上清晰的市场定位和品牌形象，对公司来说便犹如如虎添翼，发展更是增添了新的动力。

从苏泊尔的案例上，我们可以看到，企业的发展不仅需要一个既定的目标，清晰的现代化管理制度和产品架构亦不可或缺，在科学的管理和分明的品牌影响力的带动下，才能够赋予企业更多的发展可能性，也唯有这些因素的结合才能够让企业在竞争中立于不败之地。

空间
大益茶

作为动物世界的王者，老虎和狮子并不是一路的动物：狮子是群居动物，而老虎天生就是独居动物，并且每一只老虎都有自己的领地，哪怕雌雄老虎也是如此。而“一山不容二虎”这句话，表现的正是老虎的领域意识强到在一块领地里连其他同类都容不下。

老虎在 50 米范围内一定会有所动作，最起码会站起来，不可能让人一步步接近到 20 多米的距离，它们更不会允许竞争对手在自己的地盘放肆。

对于老虎来说，其建立领地的基础和前提就是自己作为王者的威信。如果没有能让其他动物“敬畏”的能力，那领地也无从建起。而这对于企业来说也是如此，市场(领地)的开拓，都需要企业自身先拥有如王者般的魄力和优势。

普洱茶主要产于云南省的西双版纳、临沧、普洱等地区，是云南特产之一。随着普洱茶的养生功能逐步被认识到，市场对其的需求也越来越大，导致在云南当地，相关的普洱茶品牌也有很多，云南大益普洱茶便是其中一家。

2009 年的时候，面对市场上普洱茶品牌众多，产品鱼目混杂良莠不齐，营销及终端高度同质，竞争还处于农产品初级竞争的市场现状，大益认为，未来在普洱茶市场，品牌化运作将是大势所趋。而大益如果想要突出重围，在市场上建立独树一帜的特色和竞争优势，那么公司也亟需重塑品牌形象。

经过系统梳理，大益集团发现，普洱茶在当时尚属于区域市场消费，主要集中在广东、云南、北京等地，区域集中度较高。而普洱单品价格偏高、饮用程序繁杂、口感和区域消费习惯差异等因素又导致了普洱茶仍属“圈内”消费，大众普及率较低。

因此，大益想要赢得行业话语权，提升利润，就需要同各区域强势茶类竞争，并且挑战消费习惯。

于是，大益集团在产品上进行了全面的改进，以年份为主轴，产地和工艺为辅轴，构建大益普洱茶价值体系模型“大益宝盒”，重新梳理大益普洱茶的整体结构。

一方面，公司以原料储存的时间为核心，在拼配的毛茶中制定合理的百分比，为普洱茶市场交易提供新的参照标准。另一方面，以“世界火山生态磁化带 • 勐海古生茶园”为品质背书，将产地价值充分显性化，并将此清晰呈现在所有的包装界面。同时打造“国家非物质文化遗产”通用标识，直接用于产品标注。此外，通过将大益普洱茶定位为中国茶业领袖品牌，终端

及营销界面亦全部得到落地，最终形成庞大的销售势能。

通过对价值和品牌系统的重塑，大益茶在消费者心中的影响力直线上升，短短一年时间，其年销售额便由 4 亿元突破至 8 亿元。

在竞争维度的把握上，我们可以看到大益集团其实是做了大量的工作。其通过建立行业标准，实现了对竞争对手的技术隔绝。同时，公司也从产品品质入手，通过拓展产品的内在价值，赋予产品更多的溢价。最后，又用产品本身“国家非物质文化遗产”等特殊卖点来吸引消费者进行消费，进而从根源上改变了消费者的消费习惯。

从大益集团发展的案例上，我们也可以认识到，在混乱的行业格局中，企业要学会发现自己独有的优势，进而创造自身独特的发展空间，这才是长久的发展之道。

竞争

惠泉啤酒

很多人以为水牛是温顺的动物，实际上，水牛危险度并不低。作为群居动物，牛群中最强壮的公牛会成为族群的领袖，统领牛群，并享有吃最好的草料的权力。并且水牛也都很会照顾幼崽和病弱者，当有掠食者靠近时，水牛群会紧密靠在一起，把幼崽围在中间，尽可能使每个成员都得到保护。靠着重达一吨的庞大身躯、能够抵挡步枪子弹的结实的牛角、以及团结的精神，很多时候，即便是面对狮子这样的非洲顶级掠食者，水牛也能强力驱赶。

所以，虽然食草动物的每一个个体的能力很小，但当它们集合起来，变得聚焦的时候就会变成一股不可思议的力量，能够让最强大的敌人都感到害怕。这个道理，对于企业来说也是一样的。

2003年下半年，福建区域啤酒品牌惠泉被燕京收购，由于其品牌、产品老化且营销管理较弱，一度被竞争对手雪津超越。因此改变迫在眉睫。

在进行全面生态检测后，惠泉发现公司的产品管理存在一个相当大的死穴，即在包装、产品结构、传播、营销、市场等多个方面都显得极为混乱和不够系统。以包装为例，一款产品可以有好几种包装，让人眼花缭乱；同时，产品结构也不够聚焦，导致价格混乱暧昧；而市场营销端更是缺乏统筹，各个地区市场各自为政、各扫门前雪。面对这一系列混乱无章法的状况，公司最后认识到，必须调动所有资源打一场聚势整合战！

面对问题，那就要逐个击破。惠泉决定改变的第一件事就是统一产品标识，让惠泉更像惠泉，让品牌形象变得统一易识别；然后，根据市场调研情况梳理了产品结构，全力打造330ml小一麦产品，统一产品定价，让产品端也变得更聚焦。紧接着，惠泉又对品牌和传播管理进行了统一管理，只让一种声音传播惠泉，这样也让品牌管理变得更有效；针对分销缺乏控制这个问题，惠泉先将终端信息进行管理，再与二级批发商进行战略合作，引入深度分销系统，最终将原本散乱的分销渠道也有效地控制起来。

最后，惠泉又对各自为政的几个市场进行了分类，再统一管理。从惠泉啤酒的市场占有率和竞争状况出发，将现有区域啤酒市场分为基地市场、潜力市场、骚扰市场三大类，不同的市场制定不同的地域战术。其中，基地市场作为惠泉大本营，采取“锁”的策略，以主力产品为攻，战术产品防守，力求巩固基地市场位置不动摇；潜力市场主推“打”策略，将主力产品进行大力推广，力求攻占；而在骚扰市场中，则以战术产品进行猛攻，通过“压”策略，消耗竞争对手资源。

惠泉啤酒对产品资源统一合理配置、对市场进行分类管理后，有效提升了公司资源的利用效益，也使得竞争和防守变得有章可循。这场多方资源和市场的大整合大统一，最终也让惠泉啤酒的战斗力和影响力得到大幅提升。2004 年到 2009 年这五年期间，惠泉啤酒销量由 40 万吨增长至 53 万吨，公司年净利润则由 1455 万元跃至 7600 万元。

从惠泉啤酒整合的案例上，我们可以看到，凝聚成一股绳的资源和产品体系才会对品牌有推动作用。而对于企业来说，以聚焦为目的的竞争策略才能赋予自己较大的战斗力，企业有舍才能有得。

竞争
双沟

变色龙又名“避役”。“役”在我国文字中的意思是“需要出力的事”，而避役的意思就是说，可以不出力就能吃到食物。当然，说变色龙不花力气就可以饭来张口这是有点夸张了，但它们的确有一项本领，可以让它们在捕猎时少花很多力气。

变色龙被称为变色龙的原因就是，它们的肤色会随着背景、温度和心情的变化而改变，通过颜色的伪装既有利于它们隐藏自己，又有利于捕捉猎物。雄性变色龙会将暗黑的保护色变成明亮的颜色，以警告其他变色龙离开自己的领地。有些变色龙还会将平静时的绿色变成红色来威吓敌人，目的是为了保护自己，免遭袭击，使自己生存下来。

世界纷繁多变，没有人能够做世界的主人，也没有人能掌控一切。面对这个世界汹涌的潮流趋势，变色龙通过改变自身色彩以求生存，人类借助不同的工具来寻求适应，而企业则通过不同的发展策略来变革自身，重新发现通往成功的大门。

双沟被誉为中国酒源头，作为江苏重要白酒企业，拥有悠长的历史和丰富酿酒经验，古今文人墨客、将军、学者等也都为双沟酒留下动人的诗篇。

然而，这样的双沟酒业却在计划经济到市场经济的转变中，未能紧随行业及生态变化而发展，最终遭遇到了“拥有口碑却无法促进体量及品牌上升”的困境。

2009年，为了推动企业向前发展，双沟酒业基于行业生态环境和自身生态位置的改变，开始着手构建可获得未来持续跨越式发展的品牌发展模式和营销传播体系——

首先，公司在对消费者进行深入研究的基础上，确定品牌的战略定位、规划整合商业推广的手段。其次，通过全面搜索、洞察双沟品牌现有和潜在的资源，寻找能够获得消费者认知的独占性价值。

随后，在品牌定位、传播、营销推广、终端形象等方面，公司又制定了一系列行之有效的传播建议与方案。在品牌定位和传播上，双沟酒确定相应的定位语、核心传播语及传播符号设计，主画面创意及核心创意的应用建议与方案。在营销推广上，双沟酒根据市场及产品需求，制定推广策略，规划全国性的重点促销活动。在终端形象上，制定双沟酒相应的终端核心形象规范。

最终，双沟酒业获得了广泛的消费者认知和认可，销量迅速上升，成功

作为苏酒品类的代表，重新回到了主流白酒的市场中。2009年底，双沟酒业实现销售收入14.6亿元，同比增长52.7%，净利润1.7亿元，同比增长116.7%。

也是因为顺应了市场和消费者的规律，所以双沟酒在此之后更是实现了多方面的跨越式发展，包括从推销到营销的突破，从优势品牌到强势品牌的突破，从产品导向到市场导向的突破，从传统管理向现代管理的突破，从一般先进技术到高科技应用的突破，从常规经营决策到现代战略决策的突破等等。

在竞争维度的把握上，双沟酒业一开始是因为未能根据行业及生态的变化而调整发展战略，以致于陷入困境。但随后，公司便迅速认识到自己的问题，并基于行业生态环境和自身生态位置的现状，在品牌和营销等方面做了全面的调整，最终重新获得了消费者和市场的青睐。所以，任何企业要学着去做一只适应环境的变色龙，想要在变幻莫测的竞争市场中立于不败之地，就得适应，还要很快地适应。

资源

漓泉啤酒

在动物世界里，寄居蟹也是一种很特别的动物。除了和人类一样是为了自己的“房子”而拼尽全力的“房奴”外，有的寄居蟹为了保护自己，还会与其他动物共生。

比如艾氏活额寄居蟹经常会拿自己大螯顶着一只海葵跑来跑去。它们之间就是一种共生关系。寄居蟹为了保护自己，会钻到软体动物的空壳里去，把头甲和一对大螯露在外面，并伸出前面两对细长的步足来爬行。而海葵就是它们为自己找的“门卫”，当它找到一种合适的海葵之后，便用螯小心翼翼地把它从附着体上取下来，安放在外壳的入口处，为自己看守家门。海葵会用有毒的触手去蜇那些靠近它们的动物，以此保护寄居蟹。而寄居蟹则背着行动困难的海葵，四处觅食，两者有福同享有难同当。

动物界可以存在着这样一种合作共赢的关系，而在企业之间同样也有这种可能。

1999 年，青岛啤酒在全国布局的战略下，来到了广西市场。作为全国知名的啤酒品牌，青岛啤酒的实力是毋容置疑的，因此一出手也总是大手笔。为了尽快打入广西市场，公司对竞争对手使用了简单粗暴见效快的“资源碾压”的招式，即用大量的资源和资本迅速打开市场，具体的策略就是在市场上投入了高中奖率的开盖有奖，在渠道上展开了大力度的促销。

当时，漓泉啤酒是广西当地数一数二的啤酒品牌。在青岛到来之前，它的生存应该是没有太大压力的。然而，青岛啤酒的到来改变了一切……

最初，漓泉也是硬着头皮上阵，跟着青岛啤酒做了大力度的开盖有奖促销和渠道促销。从结果来看的确有效，公司暂时是保住了自己在广西市场的市占率。然而，其所付出的代价却也大得惊人。漓泉知道，如果自己一味跟着青岛的节奏走，不从这种“杀敌一千，自损八百”的自杀式营销策略中走出来，那么公司必将在资源的消耗中，被青岛啤酒所颠覆。 于是，漓泉选择寻找新的方式，来摆脱与青岛啤酒的资源性竞争。而经过一番深思熟虑之后，公司最终决定在联姻燕京的基础上，实施双品牌策略。

在合作品牌的选择上，漓泉啤酒也有着自己的考虑：虽然燕京啤酒在广西的份额比青岛啤酒少，但其本身在全国拥有着强大的品牌实力和影响力，而双方的合作能够形成一种“双赢”的局面。对于燕京啤酒来说，它能够利用双品牌战略打开燕京啤酒在广西的市场；而对于漓泉啤酒来说，可以借助燕京啤酒的资源和渠道来做促销，反制青岛啤酒，这样不仅可以保持住自己的市场占有率，同时也使得竞争代价明显削减，可以进一步扩大自身的竞争优势。之后，漓泉啤酒在广西市场一直坚持采用“燕京+漓泉”的双品牌运作模式。这种双品牌战略的实施，有利于副品牌烘托主品牌形象，同时帮助新产品打开销路，提升促销效果，有效抵御其他品牌的竞争。最终，漓泉啤酒在广西市场占有率高达 85%，成为国内继燕京之后，第二个在省级市场占有率如此之高的啤酒品牌。

我们可以看到，在面临对手猛烈进攻的时候，漓泉啤酒并没有一味地去拿自己的短处（资源、实力均不如对方）去和对手交锋，而是避开短处另寻他法，化被动为主动，选择双品牌的策略去抵御对方的攻势。最终，成功让自己降低了竞争的代价，提高了竞争力和持久力，而让竞争对手长期投入大量资源，却始终无法获得想要的结果。

漓泉和燕京协作共生的案例也告诉我们，企业之间不仅仅是竞争关系，只要认识正确操作得当，双方完全可以像海葵和寄居蟹一样实现合作共赢。

燕京啤酒
YANJING BEER
直播帝
帝道
Supreme
我有我帝(tào)道(lù)
称帝音浪
啤酒节
啤酒开燥，潮酷一夏！
你是什么帝?
燕京啤酒带你称帝嗨翻天!
狂欢帝
买酒赠票
玩乐帝
潮酷互动
电音帝
电音嗨舞
畅饮帝
无限续罐
活动时间：2018年8月31日-9月1日
活动场地：贵阳市白云区政府广场

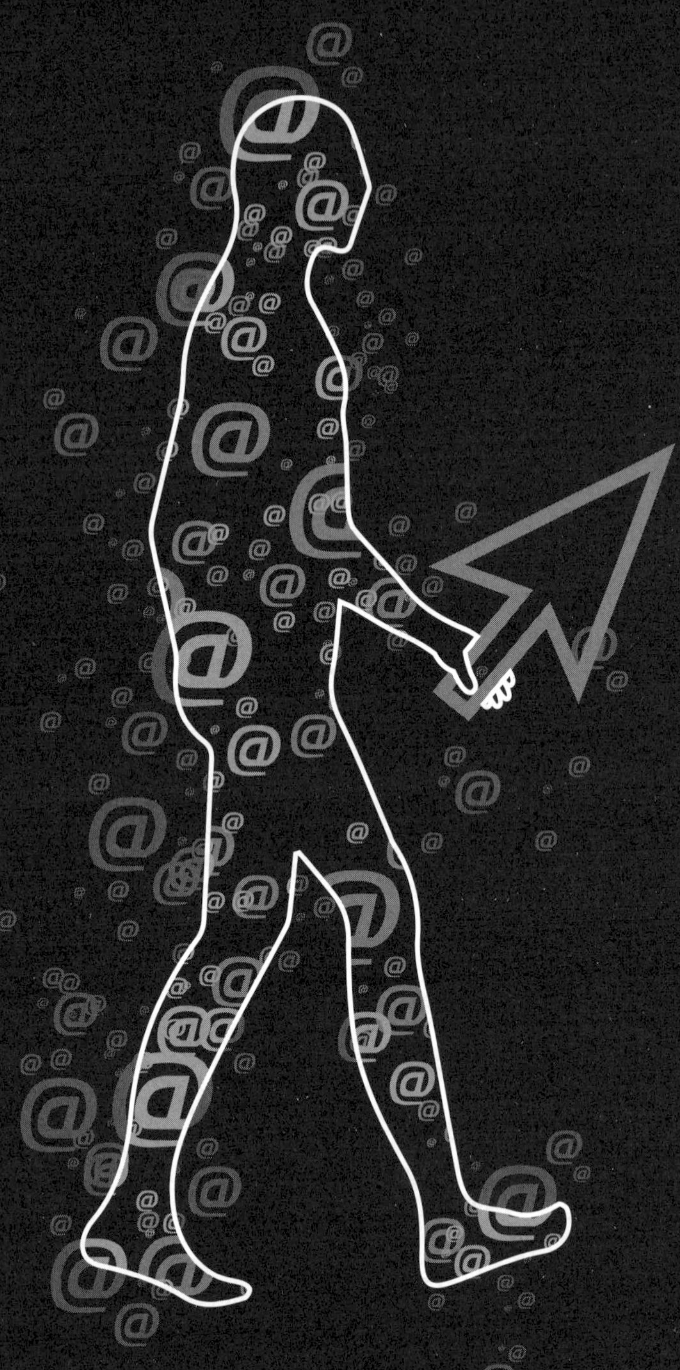

第七章

“成熟期”品牌案例集锦

空间
双汇

扬子鳄作为地球上现存最古老的爬行动物，在两亿年前的恐龙时代就已经存在了。历史上，由于环境巨变，恐龙等爬行动物相继灭绝，而被称为“最后的活化石”的扬子鳄却一直存活到今天。究其原因，就在于其对生存领域的扩展——扬子鳄祖先曾是陆生动物，后随着环境的变化，学会了在水中生活的本领，从此打开一扇新世界的大门。

2013 年底，双汇国际斥资 71 亿美元收购史密斯菲尔德公司，引起市场轰动。史密斯菲尔德公司是当时全球规模最大的生猪生产商及猪肉供应商，通过该收购，双汇也因此成为世界级的肉制品企业。但事实上，做了如此大的一个并购案的双汇在当时正处于业务发展上的较大困境。

一直以来，双汇的主要产品都是高温火腿。但随着居民收入水平的不断提升，消费需求不断升级，消费者也愈来愈注重食品的营养健康。而原本备受大众喜爱的高温火腿因为被冠以不健康、低端的认知而逐渐被市场冷落，高温火腿市场日渐下滑。在这样的市场背景下，双汇高温肉制品业务也难以言好，自 2013 年起，营收连续四年下滑，累计降幅超过 10%。

可以说，这个时候的双汇和曾经的扬子鳄一样，面临的是一场生存领域日渐萎缩的危机。

到底该如何扭转乾坤？到底该如何让企业获得更多的生存空间？

经过深入的市场研究，公司发现，近几年西式低温火腿被引入国内，同时由于低温火腿较高温火腿也更健康，因此中国消费者对低温肉制品的认知和推崇程度越来越高。

认识到这一点后，双汇果断制定了向未来市场空间巨大的低温火腿转型的发展方向。并基于此前收购的史密斯菲尔德公司的资源优势，配以“世界食材，中国吃法”的营销策略，希望以此能够重塑双汇火腿的品牌和消费者印象。

在明确战略方向后，双汇依据“5+1”产品策略，立即着手进行了产品的落地。一方面，公司在低温领域创造五个风格鲜明的低温产品；另一方面，在高端市场创造一个明星产品，具有创造性地推出了乳酸菌发酵肠等高温产品。与此同时，双汇还布局生鲜领域，做大预制品市场，打破单一结构界限；并在营销方面，创造一二线市场的消费动力，

打破传统营销模式。

通过以上种种改变和布局，最终，双汇将火腿市场从消费边缘拉回到消费的主流餐桌市场。

从双汇从高温火腿向低温火腿市场转型这个案例，我们可以看到，公司从空间维度（两个对立的市场）展开产品的创新，针对市场的需求和变化，不断调整产品的策略、优化产品的结构，最终像扬子鳄一样，

从一个生存领域顺利迈入另一个新世界，不仅让自己转危为安，还获得了更大的发展空间。通过不断开拓新的市场，目前双汇集团已成为中国最大的肉类加工基地，在肉制品、生鲜品和生猪养殖三大领域名列全球第一，是全球规模最大、布局最广、产业链最完善、最具竞争力的猪肉企业。

空间
泸州老窖

瀘州老窖

角马大迁徙，这是一场发生在地球另一块大陆的生存战争，同时也是一年一次的战略转移。每年 7 月底，随着旱季的来临，数量超过 100 万头以上的角马会组成一支迁徙大军，浩浩荡荡一路奔波去寻找肥美的水草。而在这段长达三千公里的漫长路程中，角马需要经过狮子、猎豹、鳄鱼等大型食肉动物的领地，因此这超过 100 万只的角马队伍中，大约会有四分之一是无法走到终点的。虽然残酷，但事实又证明，角马如此一次又一次地去跨越空间的限制，在血与汗水的浇灌下，种群很快就能得到恢复，甚至会比原来变得更加强大。

如果回顾“泸州老窖特曲”的发展之路，我们也能发现这种如角马大迁徙一般对空间限制的多次(多维度)的突破。

2008年，全球爆发金融危机，而泸州老窖的危机似乎也悄悄到来。当时，泸州老窖核心产品——“国窖1573”的年销量在到达3000吨的临界点后，增长很难再有突破。因此，为了从另一条线创造新的大幅增长，拓展市场空间，泸州老窖确定了“国窖1573”和“泸州老窖特曲”共同发展的双品牌战略。

然而，”泸州老窖特曲“虽然是历史最为悠久的特曲品牌，但它因为沉寂时间太久，在品牌影响力方面已经落后，在各地高端消费渠道上的地面力量也不占优势。并且，“国窖”对“老窖”的提价空间还有一定压制。在这样的压力下，“老窖”要在销量和价格两个方面同时得到提升，还真的有点像天方夜谭。

那么，“泸州老窖特曲”到底该以怎样的新面孔重新抓住消费者的心呢?

为此，公司进行了系统的生态检测，最终提出“占位策略”，并据此对老窖品牌进行基因再造。

这个“占位策略”大致来说可以拆分为三个方面，包括品类占位、市场占位以及产品占位。

品类占位就是颠覆传统思维，把品牌发展重点放在发掘消费者对“老窖”和“特曲”之外的新需求上，创造全新的“新曲”品类，这样也就为“老窖”创造了独占的市场机会。通过在新品类的概念上独占新价值，从而从旧市场中转化出新市场。

市场占位就是为品牌注入全新价值，即脱离一线品牌以及区域品牌在中端市场的竞争红海，脱离跟随者、竞争者的角色，创造商务消费这个新品类，将“老窖”定位于国内商务酒第一品牌。

而产品占位就是为中端市场提供明星产品。通过产品创新打造具有泸州老窖特曲优质基因的明星产品，并且进行终端促销，拉动全国渠道建设。

在这个“占位策略”的指引下，最终，这场对“老窖”从头到尾彻底的改造大获全胜。2010 年，泸州老窖总营收 54 亿元，而在一年后的 2011 年，其营收便迅速增长至 84 亿元。

在这场品牌改造的战役中，泸州老窖颠覆传统思维，从空间维度进行了多方位的拓展，从品类、市场、产品等多个角度打造了多个全新的概念，从而也开拓出从未被认识到的市场与价值，顺利将产品和公司推入新的发展轨道。泸州老窖作为“白酒老字号”，也在这场原本生存艰难的竞争中脱颖而出，成为国内高端商务用酒的领导品牌。

时间
众品

天地之间，万物且灵，白天里动物们纷纷外出捕食，猫头鹰却歪在树上睡懒觉。直到夜幕笼罩森林，猫头鹰方才开始活跃起来。猫头鹰的眼睛构造与一般动物不一样，有很发达的感光细胞，因此白天光线太强的时候，它们的视力反倒很差；而在黑暗状况下，它们却能轻松进行捕猎。因此，当别的动物在阳光下活动时，猫头鹰需要等待，等待属于它们的黑夜。因为对于它们来说，黑夜才是它们的时间和机会。

众品集团成创立于1993年，是一家专业从事农产品加工和食品制造，集科工农贸为一体的专业化食品公司。2006 年 2 月，公司在美国成功上市；2007 年 12 月，又转升纳斯达克全球精选市场，成为中国食品行业首家纳斯达克主板上市公司。

发展到2010年的时候，众品在行业内已经具备巨大的生产体量，不过遗憾的是，其品牌知名度却很低。此外，公司一直以To B类业务为主，而在To C类市场的布局较为薄弱。因此对于众品来说，想要进一步发展的话，公司就亟需在这两方面有所突破。

2011年3月15日，中央电视台报道“瘦肉精”事件，在社会上引起了强烈反响，一时间大众对于国内肉制品行业的信任也降到冰点。

可以说，在这么一场突如其来的危机中，行业内的任何一家企业都难以独善其身。不过，祸兮福所倚，福与祸本来就相互依存，可以互相转化。多年来，众品一直坚持以质量为重，严格把关产品生产质量，在冷静思考之后，公司认为这一次“瘦肉精”事件对于自己来说，不仅不是危机，反而是一次难得的机会。因为这个时候正是消费者对高品质肉制品最渴求的时候，而众品如果能抓住此次机会，放大自己在生产质量上的优势，那就肯定能以最快速度抢占消费者的心智高地，迅速提升自己的品牌知名度和美誉度。

说干就干，于是众品提出了“自然产业链”战略，即养殖“源于自然”、研发“道法自然”、生产“珍藏自然”、运输“传递自然”、终端“体验自然”，将自然战略覆盖到从养殖到终端的所有环节，并通过营销传播，在第一时间为消费者送上一份众品的健康承诺。

乱世造英雄，由于此次的快速出击，重视安全健康生产的众品很快便一枝独秀，一举成为在乌烟瘴气笼罩的行业内，一颗明亮的、冉冉升起的新星。

可以说，众品在“猪肉精”事件中的精彩表现，源于其对于时间节点的准确把握，以及对行业的敏感嗅觉。商业的时机如同白驹过隙，只有在危机中最快作出反应的企业，才能在浩浩荡荡的洪流中处于不败之地。

不光是对时间节点的把握，对于时间趋势的洞察，众品也很有一套。

随着消费者生活节奏的加快和消费需求的升级，人们一方面无法排出更多的时间在厨房三餐制作上，另一方面又认为自己烹饪的食物更为健康可口。这个时候，众品认识到，这一市场需求将催生巨大的预制品市场。为此，公司顺势而为地推出冷鲜肉预制产品，大举进军预制品市场，并以此为切入点，迅速占领 To C 市场。

在“瘦肉精”危机中，众品没有被动等待，而是抓住了时机，将不利转为有利。而在向 To C 市场的扩张中，众品就如同一只猫头鹰，只是耐心等待，一旦属于自己的时机到来，便奋勇出击。可以说，将时间节点与时间趋势的融合演绎到了极致。

竞争

中茶

在美洲中部的湖泊有一种独特的鱼——四眼鱼。虽然被称为“四眼鱼”，但其实它们还是只有两只眼睛，只不过独特的是，这两只眼睛能够瞳孔上下径伸长，并被一层间隔横截成两部分。其中，透明介质上部的折射介质适应于在空气中看东西，眼睛的下半部则适应于水中观察。当四眼鱼停留在水面时，角膜的上半部露在水外，光线通过短而宽的水晶体，有助于它们看到和捕捉飞近水面的昆虫，以及提防鸟类的袭击。

相较于其他鱼类只能捕食水下猎物，四眼鱼因为特别的眼睛而比其他鱼类多了一重食物来源，自然也就多了很多生存的可能性。

如果把四眼鱼的一双眼睛看成一份资源的话，那么上面的故事也给了我们一个启示——其实，如果资源利用得当，也可以是“多功能”的。

中茶公司成立于 1949 年，是世界 500 强之一中粮集团有限公司(COFCO)成员企业。自成立以来，中茶便扎根在茶叶相关产业。公司集茶叶种植、生产、加工、研发、销售、文化推广于一体，在福建、云南、广西、湖南、浙江等地建有多家大中型生产企业和原料基地，因此是中国茶叶行业中的重要企业之一，也是这个行业中拥有着长期沉淀的大企业。

凭借着强大的企业实力，中茶公司一直以出口外贸为主要业务。但随着国际形势的迅速变化以及国际经济大环境的恶化，公司的出口业务在 2005 年也开始遭遇到了较大的阻力。

面对严峻的形势，中茶公司决定将主业由出口转为内销。战略是没错，但问题是：面对国内这个既熟悉又陌生的市场，公司怎样才能一举制胜获得一席之地呢？

在对国内茶叶市场进行一番调研后，公司发现国内市场机遇与挑战并存。首先，国人有饮茶的习惯，因此国内市场的潜力也更巨大。但问题是，和竞争对手相比，中茶在国内的知名度和美誉度并不高，消费者对其缺乏广泛认知，旗下产品虽有档次，但缺乏消费理由。

于是，针对这个问题，中茶又对自己的品牌资源进行了梳理，希望借此发掘出恰当的品牌资源优势，为公司产品确立一个全新的品牌定位。

最终，基于公司此前所积累的悠久历史资源，加上有出口全球的实力可以为产品质量背书，中茶提炼了“全球信赖，茶品典范”的全新品牌定位。

接着，针对中茶缺乏高识别度的品牌符号这一问题，公司又想到了自己所具有的“国企”基因这一独特的企业资源，因此在对中茶的品牌识别核心图形进行整体优化调整时，选择以茶票形式的核心识别符号予以呈现，既体现茶文化的传承，也代表着权威官方的认证。这个超级符号成功地重塑了中茶的经典品牌形象，也成为了消费者对中茶的统一印象，大大提高了市场对其的认知度。

中茶公司通过对自身品牌的重塑，从而完成了国内外两个市场的转换。在竞争维度的把握上，公司是很巧妙地把外销的优势资源移植到内销市场上，因为传统认识上，出口产品的品质总是最佳的，能在海外市场销售的产品，又怎么会在国内市场遇冷？这就像是四眼鱼的一双眼睛一样，一份资源可以有多种用途，也可以说，这是将对现成资源的利用最大化了。

企业在竞争中会面临各种状况，也不是每个企业都“家底”深厚，有各种资源加持。所以，如何将有限的资源的利用价值都发挥出来，这应该也是每一个企业需要去学习的。

CHINATEA

大國茶園

横跨中国2550公里的茶叶王国

东起浙江宁波——西至西藏林芝，横跨中国的13大茶产区

中國茶葉股份有限公司 CHINA TEA CO.,LTD.

中粮出品

竞争

青岛啤酒

灰熊作为继北极熊和科迪亚克棕熊之后体型最大的熊类，似乎从体格上就占尽了天然优势，因此虽然并不是食物链顶端的动物，但是一般的大型食肉动物也是躲着他们走。

理论上来说，在资源相对丰富的栖息地居住的动物都具有很强的领地意识，尽量避免彼此的接触。但有意思的是，灰熊的领土意识并不强烈。就像鲑鱼一样，灰熊每年都会到同样的地方寻找可循环利用的营养。为了维护下一代的食物和生存，灰熊总是敢于突破新的区域，勇于挑战新的对手！

青岛啤酒作为国内啤酒品牌的领导者，同时又是中国最早一批进入国际市场的啤酒品牌，向来也是不会畏惧挑战的。

当初在面对 Budweiser、Heineken、Corona 等国际品牌的竞争时，很多

年轻的消费者都因为时尚和趣味的原因而流失掉了。而青岛啤酒面对国际品牌重压，也不得不走上转型之路，将产品的年轻化作为迫在眉睫的重要工程去解决。因为只有产品结构及核心产品的年轻化，才可能吸引年轻的市场，在竞争中取得优势。

青岛啤酒首先对整个啤酒行业进行了深刻的检索和梳理，发现了一个非常重要的行业常识：啤酒消费的忠诚度很低。

为什么要这么说呢?

原来，在青岛啤酒走访东南及华南市场期间，当来到大排档和餐厅观察访问消费现场的年轻消费者时，公司得到的普遍是这样的回答——“在不同的场合会喝不同的啤酒、哪个火喝哪个、大家喝什么我喝什么”等等。这些无一不体现出啤酒品牌消费忠诚度低的事实。而其背后的原因就在于，啤酒是一种社交道具，啤酒的社交属性决定了消费者选择的倾向。年轻人出来消费追求的往往不是性价比，而是时尚和潮流。有面子、够时尚，是国际品牌进入中国后首先被年轻市场所接纳的核心原因。

因此，青岛啤酒认定产品年轻化的核心就是品牌社交魅力的打造。为此，公司首先将青岛啤酒产品结构进行升级，低端产品逐渐退出青岛啤酒产品体系。而最核心的是，公司提出了品牌及产品活化方案。品牌层面将中国基因的核心文化注入品牌文化，以此与国际品牌并肩鼎立，同时将品牌的消费场景聚焦到年轻化的消费场合，与年轻人的社交心理共鸣；产品的活化方面则提出了数字化解决方案，用数字成为消费者点酒的密钥，并能更好地进行消费现场的互动。

而在重塑年轻市场之后，青岛啤酒也重新找回了市场的主导权。得益于在品牌打造与产品研发创新上的同步前进，经过这些年的发展，青岛啤酒已经成为全球五大啤酒生产商之一。

青岛啤酒虽然是国内啤酒市场的霸主，但是如果在这个快速变化发展的时代，不做好积极创新，跟随时代潮流的准备，自然也会被时代所淘汰。如今，青岛啤酒又积极地拥抱互联网时代，深刻把握新的时代中消费者需求的变化，努力满足消费者个性化的需求，真正做到以品牌驱动全球市场。

从竞争的维度上来看，青岛啤酒有勇气，也敢于和灰熊一样打破常规，挑战全新的潮流，这样的企业虽历经百年风尘，但永远会保有持久的发展速度与激情，也是永远年轻的企业。

竞争
统一

作为非洲草原上的顶级狩猎者，狮子一直都向人展示出一种凶猛高昂的姿态。但大家可能不知道的是，虽然狮子站在食物链的顶端，但它们其实也有“忍饥挨饿”的时候——首先，当旱季来临的时候，食草动物都会大批迁走。此外，狮子也缺乏长途追击的耐力，而它们的猎物往往比他们跑得更快。

所以，对于狮子来说，捕猎也是需要策略的。它们往往会蹲守在水源地旁边，靠着现成的水资源来吸引干渴的食草动物，在对方放松警惕专心喝水的时候，扑出去给猎物致命一击。

统一集团是中国市场上数一数二的快消品生产商，背靠着中国14亿人口的庞大市场，同时也掌握着中国土地上其他的通道和资源。

2008 年，全球体育盛会——奥运会在北京举行。奥运会这一国际平台，对任何一个企业来说，都是宣传企业文化，提升企业价值的绝佳资源。统一也不例外，因此公司决定通过旗下品牌——统一方便面赞助 2008 年北京奥运会，将自己与奥运品牌挂钩，利用奥运这一宝贵资源，提升自身品牌形象，拓展品牌的影响力。

事实上，方便面跟奥运本来就有很深的渊源。早在 1992 年巴塞罗那奥运会，由于吃不惯西餐，中国代表团就把成箱的方便面和火腿肠扛上了飞机。从那以后，参加奥运会的中国运动员们都延续了这个习惯。

既然奥运会是难得一遇的提升自己品牌形象的绝佳机会，那么又该如何利用好这样一次机会呢?

当时，统一方便面产品体系主要靠统一 100 支撑，而统一 100 虽然价格便宜、老少皆宜，但也是一款偏向于低端大众市场的产品。中高端产品缺乏不仅对公司品牌形象不利，同时也影响了市场占有率的提升。

于是，统一决定从这个角度来入手，借势奥运这个难得的，同时受众面又特别大的机会打造一款中高端产品。在与奥运相关的形象和理念中，公司提取象征着奥运无上荣誉的“冠军榜”一词，并将此作为新产品的名字。一方面，在当时这段热点曝光的时间里，消费者看到“冠军榜”方便面可以直接联想到奥运盛会，利用奥运背书，产生价值移情。另一方面，也能使人联想到统一作为制面专家，产品具有高质量且美味的冠军品质，以“冠军榜”为名有统领奥运与美食的双重“冠军”之意。

在产品推出之后，统一方便面还通过一系列的奥运“冠军榜”有奖竞

猜等营销活动，加深产品品牌在消费者心中的印象，进而形成奥运品牌与统一品牌的良性互动。

总之，就是借着奥运会这个机会，统一不仅顺手推舟地推出了中高端方便面产品，还成功提升了品牌形象和价值，扩大了产品市场空间。

我们可以看到，四年一次的奥运会，就像是狮子领地中稀缺的水资源，而统一方便面作为方便面品牌中的佼佼者，也就像是方便面中的“狮子”。而统一想要像狮子一样在激烈的竞争中始终保持一方霸主的地位的话，自然也要学会像狮子那般能够活用机会，借助现有资源去获得新的发展和拓展。

事实证明，在竞争维度的把握上，统一集团的确也已经充分掌握了借势营销的精髓。公司发现自己缺乏高端产品的竞争劣势后，便借势奥运，并且通过深挖相应的奥运文化来建立自己的品牌特色。如此一来，高端产品的推出便水到渠成。明确的资源依托，加上清晰的市场定位还有合理化的营销规划，面面俱到了，自然也能够快速带动公司品牌及业务的提升。

统一“冠军榜”方便面推出的案例也告诉我们，企业在产品的规划和设计上，要学会策略性地突出长处，也可以借助社会热点，再辅以科学的产品策略，像狮子一样做到扬长避短就能获得更加快速的发展！

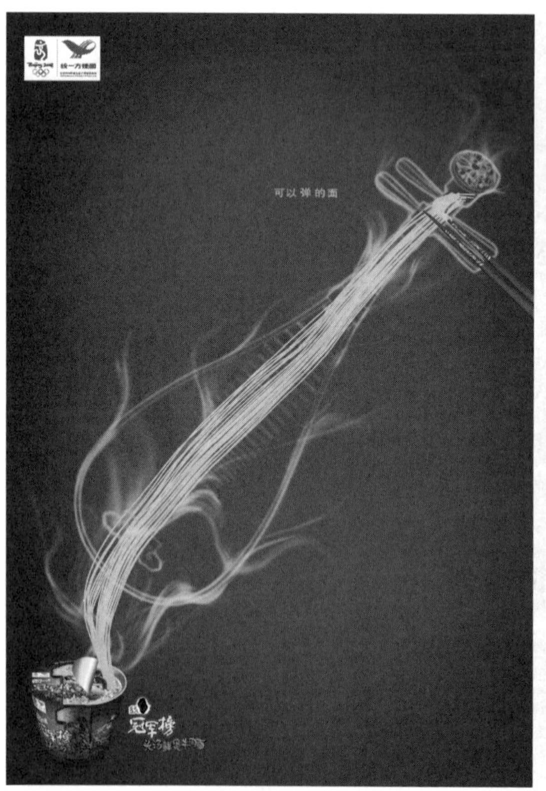

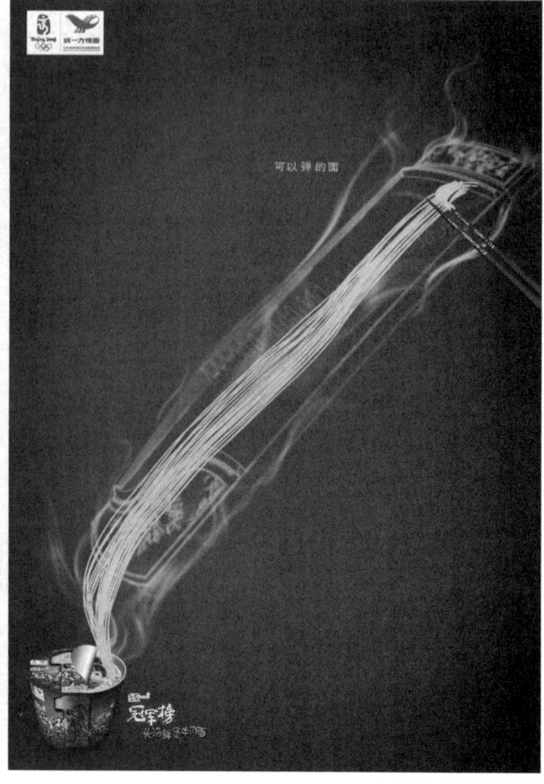

竞争
海信

Hisense

可能很多人都想不到昆虫中的飞行冠军会是蜻蜓。事实上，蜻蜓的飞行能力令人惊羡，其飞行速度高达每小时 40.23 公里，冲刺飞行速度高达每秒 40 米。最重要的是，蜻蜓飞翔起来十分灵活——飞行、变向、滑翔、悬浮、倒飞、侧飞无所不能，连最现代化的飞机都比不上。甚至，有些蜻蜓还能够长途飞行，飞越几千万公里。

蜻蜓超凡的飞行本领得益于多个方面的原因。首先，蜻蜓有异常发达的翅肌，能使双翅快速扇动。其次，蜻蜓还有能够贮藏空气的气囊，可增加浮力，让其自如地停留在空中。另外，蜻蜓翅膀的前缘有角质加厚形成的翅痣，那是蜻蜓飞行的消振器，如果没有它，蜻蜓飞起来就会象喝醉了酒一样摇摇摆摆、飘忽不定。最后，不同于一般昆虫的翅膀是前后一起同时上下运动，蜻蜓却是前一对翅膀稍向上方拍动，后一对翅膀稍向下方拍动，这样的话它的飞行速度也会更快。而正是这多方面因素的联合，最终才成就了蜻蜓的快速飞行。

2006年，海信通过收购格林柯尔控股科龙22%的股份，成为科龙最大股东。近些年，国内家电品牌的集中度已经很高，因此这样大规模的双强式并购几乎从未发生过，即便是海尔、TCL这样靠并购成长起来的企业也是如此。当时的市场形势就是——虽然TCL、康佳等黑电巨头对白色领域觊觎已久，但苦于无从下手，而海信却找到了机会，因此也在一定程度上占据了黑白电双强的竞争优势地位。

不过，收购后如何整合各品牌的优势，实现竞争效益最大化却也算得上是一道不小的难题。因为在当时，海信作为知名品牌，在国内拥有较大的影响力，但旗下有科龙、容声两大品牌的科龙同样如此，而且科龙和容声的民意基础一直很优秀，在当地市场的占有率和品牌知名度均高于海信。

另外，从当时的产品形势上看，三大品牌各自的优势也十分显著：海信冰箱在业内以“矢量变频”技术著称，是中国冰箱行业业绩增长幅度最大、增长速度最快的品牌；海信空调则凭借变频空调的技术优势，是空调行业的“技术实力派”。容声冰箱在市场上有着持久的影响力，产能曾一度达到“亚洲第一”；科龙空调则以高效节能见长，能效比多次改写世界纪录。

在这样的形势下，海信又该如何确立三大品牌的发展方向呢？是和

很多做了并购后的企业一样，直接将各大产品统一成一个品牌，以获得更大的市场占有率吗?

最终，海信认为，保留收购的科龙和容声原品牌，形成海信、科龙、容声的三大品牌并驾齐驱的局面，这样有助于最大化地利用三大品牌的市场影响力。但海信系列白电、科龙品牌、容声品牌的产品线有一定重合，因此需要对各品牌的产品线进行梳理和取舍。根据三个品牌各自的优劣势，海信最终建立起白电高中低三重市场体系——选择将海信作为主品牌，放弃低端市场，转而聚焦空调、冰箱高端市场；而科龙则聚焦其优势资源主攻中低端空调市场；容声则主攻中低端冰箱市场。如此一来，三大品牌各有优势与侧重，都能均衡发展。

海信保留科龙和容声品牌，通过多品牌战略及差异化的推广，充分发挥了原有品牌的市场影响力，实现了海信白电市场效益的最大化。整合之后的数年内，海信销售额便增长了 11 倍。

在竞争维度的把握上，海信通过多品牌战略整合规划，进而攻占不同档次市场，系统打造终端形象识别，全方位赢得消费者的认可，实现竞争效益最大化。多品牌原先的影响力，也都最大化的转化为了海信产品的市场竞争力。

从海信整合发展的案例上，我们能看到对于一个企业来说，多品牌并行的策略，最重要的还是在于树立起体系，最大化其组合性的优势，进而形成企业发展和品牌影响力的拓展，其组合性优势的原理从一定意义上和蜻蜓飞行也是一样的！

Hisense Broadband
海信宽带多媒体
to Be with you 智连无限
驱动通信变革
海信光通信市场份额中国第一
接入网光模块连续五年全球市场第一

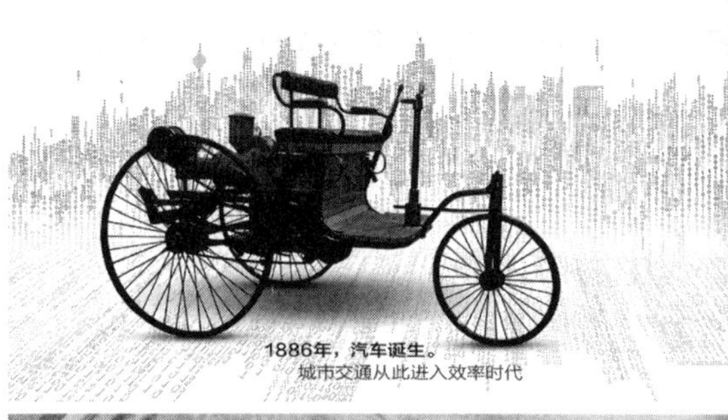
1886年，汽车诞生。
城市交通从此进入效率时代

Hisense TransTech
海信网络科技
to Be with you 智通，道和。
交通效率，驱动城市变革
海信城市交通连续七年国内市场第一

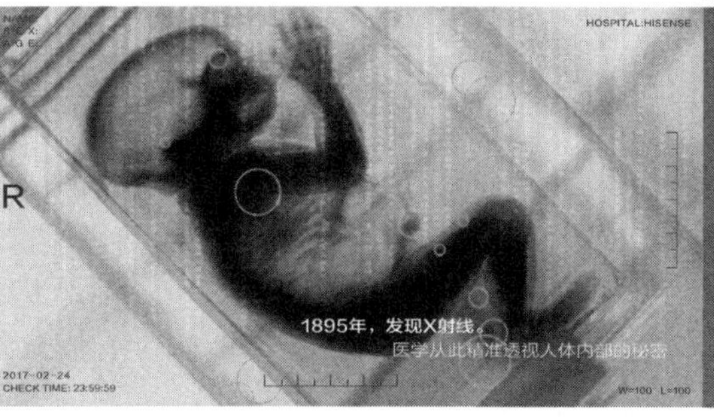
HOSPITAL:HISENSE
R
1895年，发现X射线。
医学从此精准透视人体内部的秘密
2017-02-24
CHECK TIME: 23:59:59
W=100 L=100

Hisense Medical
海信医疗
to Be with you 智惠健康
精准洞察，驱动医疗变革

结语

目前，好多企业的现状都是，上上下下干得非常辛苦，却依旧无法达到预期的目标，甚至有些干得越多亏损的越多，陷入恶性循环，无法自拔。如果想要努力和回报达成正比，就必须明白努力和回报之间并不是直接划等号，努力必须乘以效率才等于回报。效率为正，越大，那就是我们说的事半功倍，越小，则是事倍功半；如果效率为负，那就自然付出的越多亏损的越多。

而效率的优劣就取决于企业在制定战略，推出新品之前是否能够充分的认识到企业所处的境地？做决策的时候是拍脑袋还是有足够的依据和科学的分析来支撑决策的制定？

四维生态论核心解决的就是这个问题。

首先，四维生态论是信息的分析方式。四维生态论提供的是一种有效的信息处理方式，先将所有的信息在四个维度（空间、时间、竞争、资源）进行分类，剔除无法分类的无效信息，如庖丁解牛般，能够帮助企业更清楚更有条理的看到企业目前所处的环境的情况。

看清形势后，四维生态论就能解决最根本的问题，也就是上述所说的“效率”问题，如果一个企业空间、时间、资源、竞争四个维度条件全部都满足就一定会获得成功，而且效率必然很高，可能不必付出太多的努力就能得到丰厚的回报。如果满足部分条件，企业的成功与否一方面取决于企业如何将所占优势充分发挥出来，另一方面则是如何规避自己的弱项，扬长避短。如果一个条件都不满足，就一定必败，无论付出多大的努力都将无功而返，舍本逐末，得不偿失。

希望《四维生态论》这本书能够真正的帮助企业作出正确的决策，在通向成功的道路上能够更加地通畅。

了解梅高

被访者：梅高创始人、董事长高峻先生

梅高 CEO 高宇倩女士

问：从梅高的发展历史中可以感觉到，公司非常注重专业性的打造，是否能和我们谈谈对于“专业”您是怎么看的吗？

答：可以说，一直以来，梅高都是依靠“专业”赚钱。在我们这个行业中，有两类公司，一种可以比喻成是“开药房”的（代理公司），一种是“做医生”。开药房的核心就是守住质量，低价进高价卖，做医生靠的则是准确的诊断，这两种是截然不同的工作。

在梅高发展的过程中，其实我们也面临过到底是往哪个方向前行的疑惑，但梅高的最终选择就是做“医生”，苦练自己的本事，练望闻问切和判断的能力。也因为我们是“医生”，所以我们有跟客户强硬的底气，因为我们是比他更专业的机构，能给他最专业的意见和建议。

问：梅高的收费在业内一直都比较顶尖，请问支撑公司如此高价的基础是什么?

答：其实很简单，如果您觉得我们公司好，那我们肯定是比别人贵的。首先，我觉得市场上并没有和我们一样的同类型公司。当然，的确存在一些公司会覆盖我们的部分业务，比如传播版块，或者内容版块。但我们做的是一条完整产业链的所有东西，所有的业务都是一脉相承的，而全覆盖又会带来其他增值价值。我觉得对于我们的价值的判断，客户从以往我们服务过的公司、以及在和我们交流的过程中都会形成正确的认识。

其次，我觉得我们的团队也是很优秀的，优秀的团队才能做出有价值的东西。我们就是认认真真、不计成本地把事情做好。我们愿意为专业、为企业付出应该付出的代价，所以我们也不可能在价格上妥协。

问：梅高在挑选客户和合作伙伴的时候会采用什么样的标准?

答：梅高在服务客户的时候，有几个原则：

1、我们不救死扶伤。中国有句老话叫“药治不死病”，我觉得很有道理。

药能够治的就是不死的病，只要是要死的病，你什么药都没有用。我觉得我们做事也要有职业良心，如果确实没有办法帮到对方，那我们从一开始就会拒绝，我们并不希望去浪费别人的资源和时间。

2、一定要与企业的最高决策者对接，见不到老板的生意我们不会做。我们给企业设计战略方针方案后，企业对其的执行力度很大程度上决定了该方案的成功与否。执行百分之五十，就可能有百分之五十的成果；执行百分之七十，就可能有百分之两百的成果。而执行的力度很大程度上取决于企业一把手的思维和判断。

3、不愿意认清现实，自己欺骗自己的客户我们同样不会服务。企业请我们就是为了帮助他们发现问题，但如果我们提出问题他们又拒绝承认，那找我们服务的意义又在哪里?

问：您刚才谈到了对客户的选择，那梅高对行业也会有选择吗？未来公司是否有其他发展方向?

答：这个问题其实很多客户也会提出。比如有些人会说，你们做快消品牌非常厉害，但是我们是做手机的(假设)，你们没有这方面的经验，那你们能做吗？这就需要回到核心的一个问题，我们的专业是什么？我们是“医生”，我们是解决问题的。而任何一个企业的发展都需要好的品牌，好的产品，还有好的营销渠道，也都需要一个好的对未来具有前瞻性的策略。这些东西并不会因为行业的不同而发生变化。

面对新的行业，我们也都会去学。但如果仅仅是了解这个行业肯定还是不够的，如果论对行业的了解，那我们的客户应该是最了解的，可是为什么他们还是做不好？所以我们要做的事情肯定有其特别的价值，并不是仅仅建立在对一个行业了解的基础上的。

问：梅高服务企业就是为他们制定适合他们的，包括市场、营销、竞争等多方面在内的策略，那么又该如何判断你们的策略就一定是正确的呢？

答：我觉得创意，不包含策略的创意，或者说没有竞争策略的创意可以是多种多样的。比如说我可以设计两种包装以满足不同人的口味，风格可以是比较简约的，也可以是比较花哨的。但是策略不一样，我认为竞争策略不可能有两个，战略同样如此。

这是为什么？因为一个好的竞争策略，除了要考虑一些外部情况外，最重要的决定因素和最基本的出发点都是一个企业的基因，而基因不可能有很多种。所以我们基于此而生产的策略往往是最适合企业的，基本上也都是唯一的。

问：之前谈到梅高的收费一般都比较高，因为你们为企业制定的策略质量也比较好，能否介绍下你们在工作中的一些方法论？是什么决定了梅高可以生产高质量的策略？

答：首先，我们在用人方面会有一定的技巧。比如每个项目都会配备“90后”。因为90后是现在的消费主力，所以我们也需要运用90后的思维去看待这个消费群体。并且，多年前，我们还成立了一个专门针对年轻消费群体的洞察分支。其次，我们在做市场调查的时候也会非常深入，会通过暗访等各种手段接触包括经销商、售后在内的多个关键环节上的工作人员去了解情况。最后，我觉得我们在做一个产品和品牌的时候，我们考虑到的因素也会更多，我们希望做的是一个完整的产品体验链，而不是一个孤立的产品。

图书在版编目（CIP）数据

四维生态论/梅高咨询著 —上海：上海三联书店，2018.
ISBN 978-7-5426-6495-2
Ⅰ.①四… Ⅱ.①梅… Ⅲ.①企业管理-研究 Ⅳ.①F272

中国版本图书馆CIP数据核字（2018）第215606号

四维生态论

著　　者　梅高咨询

责任编辑　钱震华
装帧设计　陈奕阳　韦　钊　金书强

出版发行　上海三联书店
（200030）中国上海市漕溪北路331号
印　　刷　上海新文印刷厂

版　　次　2018年9月第1版
印　　次　2018年9月第1次印刷
开　　本　720×1000　1/16
字　　数　180千字
印　　张　15
书　　号　ISBN 978-7-5426-6495-2/F·783
定　　价　65.00 元